군인은 어떻게 부자가 될 수 있을까

Rich Bee

초판 발행   2024년 12월 16일 초판 1쇄
지 은 이   Rich Bee
펴 낸 곳   피앤피북
펴 낸 이   최영민
인쇄 제작   미래피앤피
주   소   경기도 파주시 신촌로 16
전   화   031-8071-0088
팩   스   031-942-8688
전자 우편   hermonh@naver.com
등록 일자   2015년 03월 27일
등록 번호   제406-2015-31호

ISBN   979-11-94085-27-0 (03190)

군인은 어떻게 부자가 될 수 있을까

Rich Bee 저

헤르몬하우스
HERMONHOUSE

9. 개념정리_ 3
적당히 좀 해! 보험

10. 개념정리_ 4
현금흐름 통제력

11. 개념정리_ 5
주식 투자

 프롤로그

목표 : 군인들의 자산 증식 가속화

돈 때문에 걱정에 찬 군인들을 많이 본다. 군인이라는 직업 때문에 온 가족이 열악한 환경에서 살아야 한다는 것이 더 불만을 가져온다.

이 책은 명예와 사명 같은 고귀한 가치는 완전히 배제한 채로, 오직 자산을 증식시켜 돈 걱정 없는 군 생활을 돕기 위한 원리와 전략을 알려줄 것이다.

한 명의 군인이 월급으로 어떤 경제생활을 하든 군은 책임이 없다. 철저히 사적 영역이다. 그런데도 돈 때문에 걱정과 불만이 많아지는 군인들을 대상으로 경제교육도 하고, 금융 또는 여러 기업과 제휴를 맺어 다양한 혜택으로 도움을 주기 위해 노력하고 있다.

그러나 단체성이 뚜렷한 군대는 돈에 관한 문제를 사적 영역으로 과감하게 분리하지 못하는 난해한 상황에 있다. 경제적 상황으로 발생하는 개인 사정이 부대 근무에 영향을 미치기 때문이다. 결국, 군대가 할 수 있는 조치는 교육과 상담밖에 없다. 공적 영역이 아님에도 아무것도 하지 않기에는 문제가 되고, 사적 영역에 관여하기는 권한 밖이기 때문이다.

안타깝게도 군이 제공하는 교육과 상담 영역은 매우 후진적이다. 이는 결과가 증명하고 있다.

수십 년간 군인에게 투입되는 복지예산은 늘어나고, 수십만 명의 군인들이 군인 우대 금융상품에 가입했지만, 군인들의 불만은 사그라지지 않는다. *실질적인 부(富)가 증가하지 않았기 때문이다.*

군대 경제교육의 본질적인 문제는 금융사 영업원을 데려다 군인들을 교육하는 데 있다. 군인공제회, 은행 등 소속사 영업원이 하는 교육의 결론은 하나다.

"우리 상품에 가입하세요. 원금 보장되고요, 일반인은 가입 못 하는데 군인에게만 1%나 더 많은 이자를 드립니다."

생각해 보라. 자신의 회사에서 적금과 예금 상품을 파는데, 부동산 갭투자 하라고 하겠는가. 항상 결론은 같다. 자신의 회사에 군인들을 많이 가입시키는 것이 목표다. 이러니 군인들의 자산이 증가하기는커녕 금융사에 가져다주는 돈이 더 많다. 그 시장을 노리는 금융투자사는 꽤 많다.

복지는 군 복무 체류시간 확대를 위한 수단일 뿐이다. 복지에 한 번 빠지면 스스로 자립하기가 너무 어려워진다. 실제로 그런 군인들이 많으며 사회에서 일반인도 마찬가지다. 연금 또한 복지의 일부다. 군인 특별공급이라는 주택정책도 복지와 같은 맥락이다.

복지? 인류 역사 속에서 인간의 욕구를 충족시킨 적이 단 한 번도 없다. 그리고 인간을 스스로 자립할 수 없게끔 만든다. 이제는 스스로 자산을 증식하게 도와야 한다. 그게 마음대로 되느냐고 물을 수 있겠지만, 방법은 이미 정해져 있고 검증되어 있다. 최소한 자본주의 사회에서는 말이다. 수많은 잡음이 그것을 막아서지만 이 책에서는 향후 군인들이 무엇을 지향해야 하고, 어떻게 행동해야 하는지 그 방향을 알려주려고 한다.

자본주의에서 자산 증식에 필요한 원리와 개념 정리

돈에 대해 배운 적 없는 사람이 받아들이기는 어려울 수 있다. 그래서 원리를 설명하기 위해 노력했다. 이 원리를 모두 받아들이려면 지금까지 알고 있던 자기 관념을 바꿔보겠다는 의지가 필요하다. 많은 부분을 할애하여 개념부터 이해해야 한다. 결국 행동하려면 사고방식부터 바꿔야 하기 때문이다.

군인으로서 가장 안정적이고 장기적으로 돈 걱정 없이 살 수 있는 몇 가지 조치를 제시한다. 이 조치들의 성과는 복리 공식을 얼마나 잘 적용했느냐에 달렸다. 돈이 많은 부자로 만드는 것이 아니라, 평생 돈 걱정 없는 부자가 되는 것에 초점이 맞춰져 있다.

이를 통해 '군인들의 자산 증식 가속화'라는 목적에 기여할 수 있을 거라

믿는다.

나는 군 복무하는 동안 자산을 많이 소유하지는 못했다. 겨우 40이 넘는 나이에 대한민국 상위 10%를 조금 넘는 수준이다. 그러나 짧은 기간 자산 증식 가속화는 경험했다. 그건 도박도 아니었으며, 급등하는 밈 주식으로 자산을 일으킨 것도 아니었다. 자산 증식이 가속화 되는 시간 동안 복리 공식을 인생에 적용한 결과다.

내가 경험하고 깨달은 것을 다른 군인들이 적용한다면 충분히 돈 걱정 없는 인생을 누릴 수 있을 것이다. 명예로운 군 복무를 돈 때문에 그만두지 않을 수 있다. 돈 때문에 자신이 선택한 군 복무를 후회하지 않을 수 있다.

Rich Bee.

추천사

#경제적 한계를 뛰어넘으세요

리치비와 함께한 시간은 제게 투자와 재테크의 새로운 세상을 열어 주었습니다. 그는 군대에서 함께 근무했던 동료로 항상 문제의 본질을 정확히 파악하고, 쉽게 해결해 나가는 모습을 보여주었습니다. 창의성과 진취적인 태도, 그리고 뛰어난 분별력과 구조적인 사고력 덕분에 저는 종종 그를 '천재'라고 부르기도 했죠. 업무에서도 탁월했지만, 그의 진짜 강점은 경제에 대한 해박한 지식과 투자에 대한 남다른 통찰력이었습니다.

이 책에서도 그는 군인 맞춤형 투자 전략을 제시하며, 복리의 마법과 자산 증식의 기본 원리를 명확하게 설명합니다. 특히 군인들에게 주어진 월급과 관사 혜택 같은 강점을 최대한 활용해 자산을 불려 나가는 방법을 구체적으로 제시합니다. 그의 투자 원칙은 단순히 돈을 버는 방법을 넘어, 부자가 되기 위한 사고방식의 변화를 끌어냅니다.

이 책은 군인들에게 단순한 재테크 지침서를 넘어서, 자산을 증식하고 경제적 자유를 꿈꾸는 데 실질적인 도움을 줄 것입니다. 물론, 리치비와 함께한다고 해서 무조건 100% 성공을 보장하는 것은 아닙니다. 성공은 결국 본인의 노력과 능력에 달려 있으니까요. 하지만 이 책을 통해 여러분의 성공 확률은 확실히 높아질 것입니다.

'부자 되기 어려운 직업'이라고 당연시 되는 군인의 경제적 한계를 뛰어넘고 싶다면, 리치비가 제시하는 이 책이 그 해답이 될 것입니다. 함께 군 복무를 했던 사람으로서, 그의 탁월한 투자 통찰력과 실천적인 전략을 강력히 추천합니다.

이 책을 통해 많은 군인이 자산을 불리고, 돈 걱정 없는 삶을 살 수 있을 것이라 믿습니다.

- 방탄노른자

#부자 생각법, 리치 프레임을 가지세요

12년 군 생활 간 2천만 원을 모았습니다. 리치비를 만나고 전역한 지금, 매달 기존 월급에 비해 약 2배의 돈을 벌면서 내가 하고 싶은 일을 하고 있으며, 무주택자에서 유주택자로 변하여 현재 자산은 수십 배가 되었고, 지금도 자산은 계속 늘어나고 있습니다.

소령으로 12년간의 복무를 마치고, 이제는 정말 제가 하고 싶은 일을 하려고 전역을 결심했으나 저를 어렵게 만드는 것은 '돈'이었습니다. 아내와 두 자녀를 책임져야 했기 때문이죠. 그때부터 경제 책을 읽으며 돈에 대해 배우기 시작했습니다. 10권, 20권, 30권, 책을 읽어가며 경제를 알게 되자 뉴스나 유튜브에 나오는 말 중 제대로 된 말이 거의 없다는 것을 점차 알게 되었습니다. 제가 왜 돈이 없는지도 알게 되었습니다.

그때부터 갈증이 났습니다. 제대로 돈을 알고, 실제 부자인 사람을 만나고 싶었습니다. 그러나 제 주변에는 그런 사람이 없었습니다. 제가 거지 프레임으로 생각하고 행동했기에 가난하게 살고 있었고, 그런 내 옆에는 당연히 비슷한 사람들만 있을 수밖에 없기 때문이었습니다. 모두 하나같이 똑같은 말만 했습니다.

"집을 어떻게 사냐."

"빚내면 안 된다."

"월급쟁이 삶이 똑같지."

"열심히 잘 참고 연금 받아야지."

"군대 나가면 뭐 하고 사냐."

제가 공부하고 읽은 책의 내용과는 완전히 반대되는 말들이었습니다. 답답한 마음으로 인터넷을 열심히 뒤지던 중, 리치비 님의 블로그를 보게 되었습니다. 몇 개의 글을 읽고 나서 충격을 받은 후 바로 블로그의 모든 글을 읽어 봤습니다. '이 사람이다.'라는 확신이 들었습니다.

바로 댓글에 내가 어떤 사람이고 경제를 배우고 싶다는 의견을 달았고, 마침 리치비 님이 스터디 모임을 만들던 시기여서 함께 경제모임을 할 수 있게 되었습니다.

그 후의 제 삶은 '거지 프레임'에서 '리치 프레임'으로, 무주택자에서 서울 유주택자로 바뀌었습니다. 월급에 의존하던 삶에서 선택이 자유로운 삶으로, 억지로 하던 삶에서 원하는 걸 하는 삶으로 변했습니다.

저는 그때 당장 모아둔 돈이 없으니 예비군 지휘관을 지원하려고 했습니다. 리치비 님은 저에게 책을 쓰게 하였고, 자신을 브랜딩하는 과정들을 알려주었습니다, 놀랍게도 그 과정을 통해 기존보다 돈을 더 많이 벌면서 내가 하고 싶은 일을 하게 되었습니다.

우연히 10년 이상 장기복무자 아파트 청약을 통해 서울에 있는 아파트도 분양 받았습니다. 갑자기 건설비가 오른 고가의 분양과 침체적인 분위기로 주변의 모두가 분양을 포기하라고 했을 때, "돈 없는 사람들 말 듣지 말고 보유하세요."라는 조언을 받았습니다. 그 아파트는 지금 벌써 3억이 넘게 올랐고, 계속해서 오르고 있습니다.

또한 주식 투자에 대해 알려주셔서, 그로 인해 제 자녀들은 계속해서 자산이 늘어나고 있고 저희 부부 또한 많은 돈을 벌고 있습니다. 그리고 단기 임대, 온라인 사업 등에 대해서도 배우고 실행하여 매달 월급 외의 수입을 벌고 있습니다.

지금 저는 원했던 일을 하면서 더 큰 도약을 준비하고 있고, 이미 진행되고 있습니다. 이전에는 부자가 될 것이라고는 생각하지도 못했습니다. 프레임 자체가 부자가 아니었기 때문이죠. 지금은 제가 부자인 게 당연하고, 앞으로 훨씬 더 큰 부자가 될 것이라는 확신이 있습니다.

제가 돈에서 자유로워지고 정말 하고 싶은 일을 할 수 있도록 도와주시고 가르쳐주신 리치비 님께 다시 한번 감사드리고, 이 책을 읽은 분들도 저처럼 리치 프레임을 갖게 되어, 묶여 사는 인생이 아닌 자유로운 인생을 살길 응원합니다.

- L. J.

#나태했던 인생을 지워버리세요

현역 부사관이 자주 듣는 이야기가 있습니다. 군인 월급으로 부자가 될 수 없다. 군인은 연금하나 바라보고 하는 거다. 그리고 많은 현역 군인들도 이렇게 생각하고 있습니다. 저 또한 같은 생각으로 복무했었습니다. 어려웠던 어린 시절에 비하면 안정적으로 소득이 나오고 군에서 제공받는 관사로 집 걱정도 없었으니까요. 이 정도면 됐다고 생각했습니다. 군인으로서 여기까지가 최선이라고 생각하고 안주하며 살았습니다.

하지만 리치비 님의 <군인은 어떻게 부자가 될 수 있을까>의 초고를 보았을 때, 저는 한동안 아무 말도 할 수 없었습니다. '나 정도면 성공적인 삶이지!'라는 저의 우물 안 개구리 같았던 생각이 얼마나 어리석고 멍청했는지 제 자신이 한심하기 짝이 없었습니다. 제 인생은 이 책을 본 이전과 이후로 나눕니다. 현재 저는 부자가 될 수가 있다는 목표를 가지고 여러 도전을 하고 있습니다. 책 읽기, 블로그 글쓰기, 경제 공부 등 이전의 나태한 저와는 전혀 다른 삶을 살고 있습니다. 불과 몇 개월 만에 이렇게 바뀐 것에 주변 사람들 놀라고 저도 놀랍습니다.

현역으로 복무 중인 여러분도 이 책을 읽는다면 고정관념에서 벗어나 군인은 부자가 되기 가장 좋은 직업이라는 것을 깨닫고 변화된 자신을 경험하게 될 것입니다.

- 빛듀

#자본주의에서 가장 실용적인 책

먼저 리치비 님의 첫 출간에 추천사를 쓰게 되어 영광입니다. 저는 대위 출신으로 부동산 입지 분석과 경매 기술을 활용하여 부동산 투자를 하고 있습니다. 저의 경험과 노하우가 필요한 군인들에게 나눠드리고자 카페와 블로그에서 '자유시간 투자자'라는 닉네임으로 활동하고 있습니다.

2023년에 처음으로 투자한 아파트에서부터, 경매로 낙찰받은 빌라 2채까지 총 3채의 부동산을 보유하고 있습니다. 첫 아파트는 24년 기준, 제 연봉의 3~4배의 잠정 수익을 가져다줬으며, 빌라 2채는 월 150만 원 정도의 순수익을 가져다주고 있습니다. '리치 군인' 네이버 카페에서는 부동산 전문가로 활동하며 '24년 4월부터 지금까지 6개월간 30여 명의 회원들과 무료로 스터디를 진행 중이고 부동산 입지 분석과 경매 스터디를 병행하고 있습니다.

직업군인이었던 제가 이런 변화를 겪기까지는 2년도 채 지나지 않은 시간이었습니다. 리치비 님과 함께 근무한 1년이 아니었다면 저는 남들과 같이 근로소득에 의지하는 평범한 직장인의 삶을 살고 있었을 겁니다. 리치비 님으로 인해 제 가치관을 돌아보는 계기가 되었고 이것이 제가 부동산 투자에 대해 본격적으로 공부하게 된 이유입니다. 덕분에 리치비 님을 비롯하여 다른 전문가들에게 도움을 받던 제가 부동산 투자에 있어, 이제는 저를 필요로 하는 사람의 멘토 역할도 하고 있습니다.

이 책의 주는 핵심 통찰력은 정말 많지만 제가 생각하는 가장 중요한 두 가지는 레버리지와 화폐 가치 하락(인플레이션)입니다. 대출, 전세보증금, 관사 거주 등 레버리지를 이용한 자산 증식 가속화와 화폐 가치 하락 방어를 위한 현금자산의 주식과 부동산으로의 전환은 자본주의 사회를 살아가는 데 가장 필수적인 두 가지 인사이트가 아닐까요?

이 책이 가장 실용적인 이유는 너무나도 간단합니다. 20년간 군인으로 살았던 수십억 자산가의 경험을 바탕으로 쓰인 실화라는 점입니다. 또한 본질을 바라보고 진정한 의미를 찾는 능력이 리치비 님이 가진 가장 강력한 능력이라고 생각합니다. 따라서 군인의 삶을 누구보다 잘 아는 사람이, 군인이 어떤 재테크를 하면 되는지 상세히 안내해 줍니다.

너무 바빠서 200쪽 책 읽을 시간도 없으시다고요? 당장 이 책의 마지막 페이지로 가서 '지금부터 당신이 해야 할 6가지'라도 읽기 바랍니다. 단 6가지의 행동이 자본주의를 살아가는 여러분이 행동해야 할 것들을 정확히 알려줍니다.

이 책을 통해 더 많은 군인, 군인 가족, 예비역분들이 자본주의를 이해하고 돈 걱정 없이 행복한 삶을 누리는 것을 상상해 봅니다.

- 자유시간 투자자

#경제적 운명을 바꿀 새로운 기회

이 책은 당신의 경제적 운명을 바꿀 새로운 기회라고 생각합니다. 저는 보복 소비성향이 강한 보통의 군인이었습니다. 부부 군인인 우리가 '걸어 다니는 중소기업'이라는 사람들의 말에 안도했습니다. 월급의 절반을 저축한다는 만족감에 취해 다른 자산 없이 군인공제회의 돈으로 전역 후 집을 사고 연금으로 노후는 준비되어 있다고 착각했었죠. 한마디로 노후에 대해 별다른 생각 없이 살았습니다.

리치비에게 이 책의 원리를 지도받은 2022년 6월부터 현재까지 주식은 7,500만 원에서 2억 7,500만 원으로, 부동산은 9,000만 원 투자하여 갭투자한 아파트는 현재 호가 5.3억이 되었습니다. 수익률로 따지면 2년 4개월 만에 400%인 셈이죠. 이렇게 자산을 쌓는 경험을 해보니 성인들 대부분이 운전면허증이 있는 것처럼 기본 경제시험이 필요하다고 느껴졌습니다. 부모님뿐만 아니라 정부에서도 이런 내용은 교육해 주지 않습니다. 그저 적금하고 내가 번 돈의 범주 안에서 소비하면 잘 사는 것인 줄 알았습니다.

경제에 눈을 뜨니 사회문제, 정치, 정책 등에도 관심이 생기기 시작했습니다. 이런 식견을 만들어 준 리치비는 나의 사회적 부모라고 생각합니다.

든든한 자산이 나를 뒷받침해 주고 있으니 아이러니하게도 군 생활을 더 열심히, 하지만 마음은 편하게 할 수 있게 되었습니다. 더는 아등바등하지 않아도 되니 스트레스가 줄어 업무에도 집중되고 효율도 좋아지게 되었습니다. 이런 느낌을, 이 책을 읽는 독자분들도 꼭 경험했으면 합니다. 일단 해보면 알게 되고 느껴집니다.

이 책을 통해 공부하고 실천해 보기 바랍니다. 그래서 리치비의 방식으로 부자 군인이 되어가고 있는 저와 같은 경험을 많은 군인들이 했으면 합니다. 평범한 모든 군인에게 이 책을 추천하며 저의 인생의 전환점을 맞이하게 해준 리치비에게 무한한 감사를 드립니다.

- 핑크요니

#생각이 완전히 변해버린 부사관

저는 부사관으로 15년 동안 근무하며 군대밖에 모르고 임무에 충실했던 평범한 군인입니다. 그런데, 이 책의 저자인 리치비 님을 만난 이후 완전한 변화가 생겼습니다. 그는 제 자신이 어떤 사람인지 가장 먼저 찾게 해주었습니다. 35년간 몰랐던 아니 관심조차 없었던 제자신을 메타인지하게 해주었습니다. 그리고 돈과 경제가 무엇인지, 본질이 무엇인지 등을 각인시켜 주었고, 그 결과 생각이 바뀌게 되었습니다. 제 머릿속의 뇌가 가진 '사고 체계'가 완전히 변했다는 느낌을 강하게 받았습니다.

생각이 바뀌니, 제가 원하는 것이 진정 무엇인지 고민하게 되었고 그것을 위해 무엇이 필요한지 찾게 되었습니다.

저자의 돈 주고도 못 살 경험을 토대로 저만의 기준을 만들어 정보를 수집하고, 나름의 원칙을 설정하였습니다. 이후 지금껏 쳐다보지도 못할 것 같았던 수도권에 인생 첫 아파트 마련에도 성공했습니다. 제 자본과 현금흐름, 레버리지와 복리 공식을 이해한 덕분이었습니다. 처음엔 두려웠지만 원리를 배웠던 저는 과감하게 실행할 수 있었습니다. 이 놀라운 변화는 모두 6개월 만에 일어났습니다.

저는 제 주변의 여느 군인들처럼 경제와 재테크는 TV와 스마트폰 뉴스를 통해 접하는 것이 전부였습니다. 가장 밀접하게 지내는 동료들로부터 전해 듣는 것이 곧 경제 지식이자 재테크 정보였죠. 군인공제회와 은행의 적금이 자산이라고 착각하고 살았습니다.

15년간 경제교육은 한 번도 받아본 적 없고, 직접 찾기 위해 인터넷만 쳐다보았습니다. 아! 생각해보니 있었군요. 전역 군인들이 권하는 펀드와 보험 가입 권유가 있었네요. 돌이켜 보면 아까운 시간이었습니다. 리치비님으로부터 이 책의 초고를 받았을 때 좀 더 일찍 알았다면 얼마나 좋았을까 하는 생각이 들었습니다.

이제는 생각이 바뀌어야 행동이 바뀌고 원하는 미래가 만들어진다는 사실을 깨달았고 이 방식을 무한 신뢰합니다. 만약, 여러분이 예전의 저와 같은 상황에 계신다면 이 책은 여러분이 겪어보지 못한 경험과 경제적 사고, 현실적으로 취해야 하는 행동까지 안내해 줄 것입니다.

저도 예전에 그랬듯이 제대로 알지 못하거나 올바른 교육을 받지 못해 실천하지 못하는 군인이 많습니다. 이 책에서 알려주는 대로 '작은 실천'이라도 해보시길 적극 권합니다. 지금의 삶을 변화시키고 싶다면 말입니다.

- 엘구파파

#강력한 재테크 교범

　최근 몇 년 사이 장교, 부사관 할 것 없이 군 간부들의 전역자가 많아지며, 군 간부 지원자는 현저히 줄어드는 추세라 안타까운 현황입니다. 낮은 월급으로 상대적 박탈감을 느끼기 때문이거나 열악한 주거 및 근무 환경 등의 처우 때문일까요? 어쨌든 지금은 많은 전역과 적은 지원율로 인해 일부 전방 부대에서는 전투 장비를 제대로 운용하는 일도 어려워지고 있다고 합니다.

　이러한 현실 속에서 현역 군인들과 직업으로 군인을 선택하고자 하는 사람들에게 이 책을 강력히 추천합니다. 이 책은 단순히 경제 지식을 알리는 책이 아닙니다. 자본주의 시장의 본질을 깨달은 작가와 작가 주변의 여러 군인의 실제 경험이 생생히 그려져 있는 책입니다.

　군대에서는 주특기 기술, 전투기술, 방어, 통신, 보급 등등을 자세히 알려 주지만 우리가 살아가면서 꼭 익혀야 할 금융, 경제 지식은 알려주지 않습니다. 사실 그럴 의무도 없습니다.

　오히려, 군부대 안에서는 부동산, 주식 등 경제 이야기를 등한시하는 분위기며 그런 이야기를 하는 사람이 있다면 업무에 소홀히 하고 있다는 분위기까지 있습니다. 우리가 살아가는 데 꼭 필요한 지식인데도 말입니다.

　알고 보면 군인은 돈을 모으고 자산을 불리기에 최적화된 직업입니다. 이게 무슨 뚱딴지같은 소리냐고 할 수도 있지만 이 책에 자세히 나와 있으니 꼼꼼히 읽어 보시면 제 뜻을 충분히 이해하실 수 있습니다. 즉, 군대에서 누구도 알려주지 않는 경제와 자본, 자산을 모아가는 방법 등을 이 책을 통해 깨우칠 수 있습니다.

'군 생활 후 받는 퇴직금, 혹은 군인연금만 바라보고 있다면 절대로 부자가 될 수 없을 것이다.'라고 생각하시는 분들은 이 책을 통해 자본주의의 본질을 깨달아 경제적 자유에 이르시기를 바랍니다.

혹시 생각해 보셨나요? 수십 년 군 생활 후에도 모아놓은 자산이나 내 집 한 채 없이 전역했을 때, 군인공제회 적금뿐이라면 그때의 상황이 걱정되지 않나요? 자녀 대학 비용과 결혼 비용을 걱정하는 그런 삶을 여러분도 원하지는 않겠지요? 좋은 소식은 여러분이 이 책을 발견했다는 것입니다.

이 책은 '부자 군인의 교범'이라고 감히 말할 수 있습니다. 우리가 주특기 공부를 교범으로 했듯이, 학교 기관에서 교범을 정복하듯 이 책을 정독하길 추천합니다. 저를 포함한 많은 군인이 경제적으로 부유해져서 돈 때문에 군 생활을 포기하거나 행복한 군 생활을 하지 못하는 지경에 이르지 않기를 바랍니다.

누구도 여러분의 삶을 대신 살아주지 않습니다. 이 강력한 책 한 권으로 우리의 삶을 구할 수 있습니다. 이 책은 부자 군인, 리치 군인이 되기 위한 경제 교범으로서 여러분의 인생을 바꿔줄 것이라 확신합니다.

- 최코필

#군인이라는 직업의 재발견

결혼 전 직업군인으로서의 제 삶은 꽤 만족스러웠습니다. 공군 조종사로서 적지 않은 연봉을 받으며 해외를 비롯한 여러 지역에서 근무하는 삶이 즐거웠습니다. 하지만 결혼하니, 군 생활의 장점이라고 느껴졌던 부분이 단점으로 다가왔습니다. 혼자 쓸 땐 넉넉했던 연봉이, 가족을 부양하는 데는 턱없이 부족해졌고, 이곳저곳 자유롭게 누비던 삶은 주거 안정성을 저해할 뿐이었습니다.

군 생활에 점점 불만이 늘어나던 차, 우연히 리치비 님을 알게 되었습니다. 부동산 구매를 위한 정보를 얻기 위해 인터넷을 탐색하던 중 발견한 그의 블로그는 군인을 위한, 제 사정에 너무나 부합하는 정보로 가득차 있었습니다. 순식간에 그의 블로그에 있는 모든 글을 읽어나간 후 이 사람과 무조건 가까워지고 싶었습니다. 운 좋게도 기회가 닿아 그의 생각과 행동 방식을 곁에서 배울 수 있었습니다. 그는 24년 가을이 된 현시점까지 군인들의 경제적 어려움이 없는 삶을 위해 힘쓰고 있습니다.

리치비 님을 알고 나서 불만족스러웠던 저의 군 생활이 제가 어떻게 행동하느냐에 따라 새로운 기회가 될 수 있다는 사실을 깨닫게 되었습니다. 저의 남은 군 생활은 곧 저의 신용도였고, 낡고 불편하게만 느껴졌던 관사는 전세금으로 들어갈 돈을 활용할 수 있게끔 하는 수단이라는 것을 알게 되었습니다.

이 책은 군 복무기간 동안 부여된 임무를 충실히 수행하면서도 자본주의의 원리를 깨우친 그의 노하우와 경험이 집대성된 책입니다. 군문의 초입에 놓여있는 초급 간부들뿐 아니라 현역병으로 국방의 의무를 수행하고 있는 젊은이들에게는 자본주의에 대한 올바른 인식을 쌓을 수 있는 기본서가 될 것이며, 가족들에게 경제적으로 안정된 삶을 선물해 주고 싶은 모든 직업군인을 위한 구체적인 사례집이 될 것입니다. 그리고 이 책을 덮을 때쯤 군인이 자산을 모으기에 아주 유리한 직업이라는 사실을 모두 깨닫게 될 것입니다.

비단 군인뿐만 아니라 자본주의를 올바르게 이해하고 최대한 활용하고 싶으신 분에게도 이 책은 등대가 되어줄 것입니다. 모든 군인이 수시로 이 책을 읽으며 군인은 조국수호라는 숭고한 사명을 수행하며 부의 축적도 이룰 수 있는 멋진 직업이라는 사실을 깨닫길 희망합니다.

마지막으로 국방의 의무를 성공적으로 마치고 첫 번째 출간과 동시에 멋지게 제2의 인생을 시작하는 리치비 님의 앞날을 응원합니다.

- 위나너

#축하해요! 이 책을 읽기 시작했잖아요

당신이 지금 20대에 이 책을 읽기 시작했다면, 그 누구도 따를 수 없는 부를 축적할 것입니다. 이 책을 30대에 만났다면 남들보다 여유롭게 살 것이며, 40대에 만났다면 노후에 대한 걱정이 사라질 것입니다. 만약 50대 전역을 앞두고 만났다면, 부디 널리 이 책을 알리시길 바랍니다. 이 책을 소개받은 여러분의 후배들이나 지인들 또는 자녀가 당신에게 감사할 것입니다.

이 책은 그 어떤 경제학 원론보다도 실용적이고 명쾌합니다. 읽고 나면 왜 시간이 금인지 왜 더 빨리 이 책과 만나지 못했는지 후회하게 될 수도 있지만, 당신은 늦지 않았습니다. 이미 이 책을 읽기 시작했으니까요.

우리 사회에서 군인이 의사만큼 선망되는 직업이 되길 바랍니다. 어려운 근무 환경에도 군인들의 경제적 생활이 풍요롭다면 사람들이 호기심을 가지지 않을까요?

군인으로서 더 나은 삶을 원한다면 이 책을 끝까지 읽어 보시길 바랍니다.

- 에리나

1

당신이
이 책을 읽어야 하는 이유

자본주의에서 군인이라는 직업

임관할 때 마음을 기억하는가? 군인을 하고 싶었던 이유 말이다.

군인이 인생에서 멋진 직업이라고 생각했다면, 이 책은 그 생각을 지킬 수 있게 도와줄 것이다. 적어도 돈 걱정은 하지 않게 될 것이다. 군인은 산골 오지에서 근무하는 경우가 많고 근무환경도 열악하다. 때문인지 몰라도 직업군인은 부에 이르는 방법을 접할 기회가 거의 없다. 내가 만난 직업군인의 대부분은 부동산 계약 경험조차 없었다.

한편으로 군인공제회 회원 적금이 그들의 미래를 보장해 줄 것 같은 막연한 기대감으로 열심히 복무한다면 자신이 살고 싶은 아파트도 생기고 죽을 때까지 필요한 돈도 생길 거라는 기대감을 안고 있다.

반면, 투자를 통해 돈을 벌고 싶은 군인 중에는 주식이나 코인으로 돈을 잃은 군인도 허다했다. 그만큼 돈에 대해 제대로 알지 못하는 것 같았다. 그러니 부대 안에서 돈에 대한 대화거리는 뉴스에 나오는 이야기뿐, 스스로 무엇을 해서 돈을 벌었는지 구체적인 대화는 아예 없다. 오히려 돈 관련 이야기를 많이 하면 군 복무를 등한시한다고 눈치를 주기도 한다. 그러니 부를 이룰 수 있는 꽤 괜찮은 조건임에도 불구하고 부자가 된 직업군인은 거의 없다.

그렇다. 군대 내에서 투자 이야기를 하면 날라리 취급을 받는다. 근무에 충실하지 않을 것 같고, 언젠가 망할지 모른다는 시선으로 바라본다. 그래서 군대에서 재테크나 투자에 관한 이야기는 부정적인 존재일 뿐이다.

나는 현재 전역을 했다. 이제는 내가 깨달은 것, 그 원리, 행동 지침, 방향 모두를 허심탄회하게 말할 수 있다.

계급	장군	대령	중령	소령	대위	중소위	준사관	원사	상사	중사	하사
자가 보유율	71.8	63.1	56.5	40.1	13.2	2.1	55.3	53.9	36.7	10.9	1.5

▲ 직업군인 계급별 자가 보유율(%, 2022. 국방통계연보)

2022년 기준, 직업군인의 자가 보유율은 40%이다. 사회적 통계인 56.2%와 비교했을 때 턱없이 낮은 수치다. 이 통계를 보면서 군인이라면 누구나 미래가 이렇게 될 수도 있다는 생각이 들어야 한다.

장교의 경우 중령으로 전역할 때 자가를 소유한 사람은 56%이며, 부사관은 원사로 전역해야 50%의 확률이 된다. 중령이나 원사 정도까지 진급하지 않는다면 주택을 소유할 확률은 40%에도 미치지 못한다. 대부분 직업군인은 군 복무하는 동안 내 집 마련에 성공할 확률이 40%도 되지 않는다는 뜻이다.

	직업군인	사회인
평균 월 소득	352만 원	284만 원
평균 보유 자산	1억 1천만 원	2억 6천만 원

▲ 사회인과 비교해 소득이 높지만, 자산은 적은 군인 (2018년, 국방부)

군인은 사회인보다 평균 소득이 더 높다. 그러나 자산을 비교하면 군인보다 2배 이상 사회인이 더 많다. 국방부는 군인의 자가 소유율이 낮기에 자산이 낮다고 평가했다. 보유한 집이 없어 자산이 낮다는 것이다.

만약 지금 무언가 바꾸지 않는다면 앞서 본 통계대로 살아갈 확률이 매우 높다. 군 복무를 20년 이상 해도 내 집 마련할 확률은 절반에 미치지 못하며, 군인공제회 적금을 계속 부어도 보유한 자산은 상대적으로 작아질 것이다. 어떤 직업군인도 이 상황을 바라지 않을 것이다.

나는 군 복무 중에도 항상 더 많이 돈을 벌고 싶었다. 이 정도 일했고 부대 발전에 기여했으면 지금 월급의 2배는 더 받아도 된다고 생각했다. 사업자나 영업원은 일한 만큼 이익이 생기므로 소득도 당연히 높아진다. 군인인 나는 어쩌겠는가. 아무리 열심히 일해도 군대는 이익이 늘어나지 않는 것을….

결혼하기 전에 전역하려 했더니, 아내가 사회는 전쟁터라며 계속 군대에 있으라고 했다. 지금 생각해보면 그때 군에 남길 잘했던 것 같다. 만약,

지금 내가 알고 있는 것을 모르고 전역했다면 다시 직장에 다니고 있거나 아니면 망했거나 둘 중 하나였을 것이다.

통계청에 따르면 대한민국 상위 10%의 순자산은 10억 원이라고 한다. 군인은 돈을 못 번다는 소리를 임관하기 전부터 수년간 들어왔지만, 지금의 나는 대한민국 상위 10% 수준은 넘었으며 상위 1%를 향해 노력하고 있다. 혹시, 지금 전역을 생각한다면 더 복무하길 바란다. 이 책을 읽고, 군인이 왜 투자하기 좋은 직업인지, 어떻게 자산을 불려 자본주의 사회에서 상위계층으로 갈 수 있는지의 원리를 이해한 다음 전역을 결정하길 바란다.

나는 직업군인들이 돈 때문에 걱정하는 것을 많이 봐 왔다. 내 집 마련은 하고 싶지만, 매번 오른 집 가격에 포기하고, 가격이 폭락했음에도 더 떨어질까 봐 사지 못하는 경우도 봤다. 어떤 이는 30대 중반의 나이에도 아파트 매물조차 검색하지 못하는 경우도 봤다. 또, 40이 넘은 나이에 들어보지도 못한 코인에 투자하여 남은 돈이 십분의 1밖에 되지 않는 장교도 보았다. 자신도 잘 모르는 주식 종목에 투자하여 수익률이 반토막을 겨우 넘었지만, 손실을 확정해야 한다는 사실이 무서워 어쩌지 못하는 군인 가족도 보았다.

부동산에 투자는 해야 할 것 같지만 돈이 없어서 터무니없게도 소중한 돈으로 미래 가치가 떨어지는 지역의 아파트나 오피스텔을 사서 마음고생하는 군인도 보았다. 대부분 2021년도에 시장이 좋아 보일 때 투자를 시작했던 사람들이다. 이들의 투자는 무엇이 잘못된 것일까? 투자 종목을 잘못 골랐거나 투자 타이밍이 나빴다고 생각할 수도 있다.

그러나 더 큰 문제는 자신만의 신념과 원칙에 의해 결정하지 않은 선택이었다는 것이다. 뉴스와 유튜브, 주변의 권유를 받으며 투자를 결정했다면 결과를 떠나 자세히 알아보지 않고 투자를 결정한 자신에게 문제가 있는 것이다. 부동산이나 주식이나 모두 마찬가지다. 자산을 대하는 생각에 문제가 있는 것이다. 이 문제를 걷어 내면 원하는 길을 찾을 수 있다.

병사와 간부, 월급의 차이

2022년부터 병사들의 월급이 대폭 올랐다는 소식에 많은 하사, 중사, 소위, 중위 등 초급 간부들이 허망함을 느꼈다고 한다. 실제 초·중급 부사관의 전역 지원은 급격히 많아지고, 장교와 부사관 지원은 급격히 낮아져 최근에는 필기시험을 배제하는 지경까지 이르렀다.

합계	병 봉급(병장 기준)	자산 형성프로그램 월 최대 지원금
205만 원	150만 원	55만 원

▲ 2025년 상향된 병장 월급 (2023. 국방부)

어느 하사의 봉급표를 인터넷에서 본 적이 있다. 최저임금으로 적은 급여는 확실하다. 그래서 '편의점 아르바이트가 낫다.', '배달하는 것이 낫다.'라는 이야기도 나온다. 누구는 직업군인의 월급이 적다고 할 것이고, 누구는 병사들이 일을 많이 하는데 당연히 월급을 많이 주어야 한다고 할 것이다.

병사들의 급여 인상 소식을 보면서 많은 직업군인과 그 가족들은 고작 2%도 되지 않는 급여 인상률에 대해 커다란 허망함을 느끼는 것 같다.

병장 월급이 하사 월급보다 더 많은 것이 병장이 하사보다 부자 되기 쉽다는 뜻은 아닐 것이다. 그저 하사보다 책임과 의무가 작은 병장이 월급을 더 받는 것이 불합리하다고 생각하기 때문일 것이다. 나는 그 불합리를 떠나, 부자 되기 좋은 여건으로 비교를 해본다. 결론부터 말하자면 병장 월급이 많아도 부자가 되는 것과 상관 없으니 동생들이 용돈 더 받게 내버려 두라고 말하고 싶다.

직업군인은 기본 3~4년 의무 복무를 해야 한다. 최소 3~4년은 고정된 수입이 있다는 뜻이다. 병사는 고작 18개월의 군대 월급을 받는다. 은행에서는 과연 직업군인과 병사, 이 둘 중에 누구에게 대출을 많이 해줄까? 이게 핵심이다.

'누가 신용이 더 좋은가?', '누가 레버리지를 더 많이, 더 오랫동안 이용할 수 있는가?' 이 질문의 답이 직업군인이라고 생각한다면, 병사들 월급이 부러울 일은 없을 것이다. 병장 월급이 200만 원이라 부자 될 수 있다고 믿지는 않을 것이다. 즉, 월급의 크기보다 신용적 가치가 훨씬 중요하다.

부자는 떡볶이, 순대를 먹지 않는지 몰랐다

나의 성장 환경에서 부자는 없었지만, 부자를 딱 한 번 만나본 적이 있다. 그 한번이 나를 바꾸기 시작했는지도 모르겠다.

30살쯤, 함께 근무했던 최 과장님 권유로 서울 관악구에 있는 교회에서 '아버지 학교'라는 프로그램에 참여했다. 그곳에는 진정한 아버지가 되기 위해 영적인 변화를 원하는 사람들이 많이 모여 있었다. 6명 단위의 소그룹으로 활동했고, 서로의 이야기를 솔직한 심정으로 나누고 응원했다.

당시 나는 대위였고, 사람 대부분은 나보다 넉넉한 환경은 아니었다. 그런데 내가 속한 그룹에 어떤 신사 한 분이 항상 내 옆에 앉았는데, 단정한 용모, 윤기 나는 얼굴 피부, 여유로운 말투, 깔끔하게 메모하는 습관을 지니고 계셨다. 내심 '이분은 뭔가 다른 일을 하는 분이구나'라고 생각했다.

아버지 학교에서는 첫 시간이 '아버지에 대한 용서'로 시작한다. 의외로 가정폭력에 힘든 어린 시절을 보낸 사람이 많았다. 그런데도 서로 그 아버지를 용서하기 위해 쌓였던 감정을 눈물로 쏟아내며 이야기했고, 그룹에서는 다독여 주며 서로 기도해 주었다.

이제 그 신사분이 이야기할 차례가 왔다. 그분은 잠시 망설이다가 이렇게 말했다.

"

저는 사실 아버지에게 나쁜 감정이 하나도 없어요.
학창 시절 형보다 공부를 못했는데,

80점 받은 성적표를 아버지께 보여드리면

항상 아버지는 저를 믿는다고 말씀해 주셨어요.

다음 번에 85점짜리 성적표를 보여드렸더니 너무 좋아하셨어요.

아버지는 항상 저를 믿는다고 말씀하셨어요.

제가 성장할 수 있는 원동력은

저를 믿는다는 아버지의 말씀이었어요.

"

10년이 넘은 이야기지만 아직도 그분의 말투가 기억에 남는다. 성공한 사람은 가정환경부터 다르구나, 나도 저런 부모의 마인드를 가져야겠다고 마음먹었었다. 아버지 학교 프로그램의 마지막 날에는 그룹 사람들이 각자 간단한 음식을 하나씩 가져와서 함께 하는 자리를 가졌다. 떡볶이, 김밥, 순대, 과일, 음료, 빵을 한 메뉴씩 챙겨왔다. 조원들끼리 맛있게 음식을 먹으며 마지막 소감을 나누는 시간에 그분이 하신 말이 잊히지 않는다.

"

너무 좋은 시간이었고, 영적으로 많은 것을 깨닫게 해주신

우리 그룹 한분 한분께 감사드려요.

저는 지금 유니버설 대회의 추진위원장을 맡고 있어요.

요즘 워낙 바쁘다 보니 음식을 준비 못 해서 죄송해요.

제 말을 듣고 불편하실 수 있겠지만,

저는 사실 떡볶이, 순대를 처음 먹어봐요.

너무 맛있고, 소중하고 감사해요. 제가 다음에 식사 꼭 대접할게요.

이 은혜 꼭 갚을게요. 여기 제 명함이에요.

부담 갖지 마시고 꼭 연락주세요.

”

나는 떡볶이를 무지 좋아한다. 그분은 50세 중반 정도로 보였는데 떡볶이, 순대를 처음 먹었다는 말은 충격 그 자체였다. 부자는 다른 영역인 것을 그때 느꼈다. 아마 그때부터 나는 부자가 되길 바랐는지도 모른다. 그리고 부모로부터 대물림되는 것이 무엇인지도 알게 되었다. 마냥 놀부 같은 욕심쟁이 부자 이야기가 틀렸다는 것도 그때 알게 되었다.

당신만 모르는 당신이 부자가 아닌 이유

성장 환경 중, 당신 주변에 부자가 없었다

부모님이 부자라면, 직업은 군인이 아닐 확률이 높다. 나도 그렇다. 아버지는 공무원, 어머니는 주부로 그냥 평범한 가정에서 자랐다. 공부 열심히 해서 공무원 합격해라. 적금 잘 모으고 아껴 써서 아파트 하나 장만해라. 주식은 망하는 지름길이니 하지 마라. 이런 이야기를 듣고 자라서 그런 줄 알았다. 이런 평범한 삶이 최선이라고 생각하는 부모님으로부터 학습된 사고방식에 대해 생각해 보았다.

평범하게 사는 삶은 평생 돈에 대한 문제를 고민하며 살아간다. 때로는 일상생활을 힘들게도 하지만 풍요롭다고 느낄 수는 없다. 돈 문제를 평생 안고 사는 것이 평범하다면 나는 그 평범함이 싫다. 적어도 돈 걱정은 하지 않아야 평온한 것 아닌가? 평온해야 평범한 것 아닌가?

기회가 된다면, 연 소득 2억 원인 사람과 연 소득 5,000만 원인 사람에게 각각 물어봐라. 평범한 삶은 어떤 것인지. 아마 각각의 대답은 극명하게 다를 것이다.

내가 평범하게 살면, 자식도 평범하게 살게 되는 것. 내 삶의 방식을 자식에게 전가한다면, 자식도 내 방식대로 살게 된다는 것. 불편하겠지만 부에 관한 많은 이야기가 이를 증명하고 있다.

만약, 지금처럼 살고 싶지 않다는 마음이 강하다면, 부모님으로부터 무엇을 학습 받았는지 곰곰이 생각해 봐야 한다. 부모님이 말하는 평범한 삶을 살고 싶지 않다면, 부모님의 사고방식을 따르지 않으면 된다. 부모님의 사고방식을 따르지 않는 것이 불효라고 생각할 수도 있다. 하지만 그 불편한 마음을 견뎌야 한다. 결국 자식의 성공은 부모님께 효도로 되돌아갈 것이다.

군 복무 중, 당신 주변에 부자가 없었다

열심히 땀 흘리며 근무하는 동안, 소유한 자산이 부가가치를 생산 중이어야 총소득이 늘어난다. 결국 시간 개념이다. 같은 시간 동안 열심히 일하는 동시에 든든한 자산이 24시간 돈을 벌어야 한다. 이렇게 소득을 불리는 군인이 주변에 있는가? 내 경험상 이렇게 사는 군인은 극히 드물다. 즉, 돈 버는 방법을 알고 있는 사람이 옆에 있어야 한다. 부(富)로 이르는 길을 걸어본 사람이 옆에 있어야 따라가든 말든 할 것 아닌가.

근무하던 중에 아끼는 후배가 진급하지 못해 전역한 일이 있었다. 군인은 계급 정년이 있어서 진급하지 못하면 전역해야 한다. 대부분 군 선배는 그 친구에게 전역하면 뭐 하냐고 걱정해 주면서 육군에서 채용하는 '계약직 군무원'을 하거나 예비군부대 '지휘관이나 간부'를 권했다. 부자가 아닌 사람이 주로 조언하는 내용이다.

누군가 전역한다면 보통은 전역해서 뭐 할 거냐고 묻는다. 그걸 묻는 사람도 자신이 전역하면 뭘 할지 모르기 때문에 먼저 전역하는 사람이 무엇을 할지 궁금해한다. 나는 옆에서 듣고 있다가, 그 후배에게 이렇게 말했다.

"군대가 너의 족쇄였지만, 전역하면 너의 족쇄는 풀리는 거야. 사회에서 훨훨 날아갈 일만 남았어. 수많은 기회가 기다리고 있어."

후배는 운이 좋게도 부유한 사업가를 만나 전역 1년 만에 현역 때 봉급보다 훨씬 많은 소득을 안정적으로 유지하고 있다.

또 다른 함께 근무했던 한 지휘관은 전역식에서 "전역이 무섭다. 전역이라는 것 자체가 첫 경험이기 때문이다."라고 말했었다. 그분이 걱정했던 이유는 돈이나 자신의 능력에 대한 걱정이었을 것이다. 22년 동안 군인공제회 적금 1억 원과 경기도 외곽에 아파트 전세보증금 하나가 전부였다. 결국 그분은 예비군 지휘관을 선택했고, 그렇게 자신이 편안함을 느끼는 군에서 계속 근무하기로 했다. 소득은 현역 때보다 더 줄어든 채로 정년 보장이라는 안도감을 선택했다. 바로 이 모습이 일반적인 직업군인의 모습 같다.

군에서는 배울만한 사람이 많다. 부대를 몇 년마다 옮기고, 새로운 사람을 만나 함께 근무하면서 많은 것을 보고 느낀다. 그러나, 부에 이르는 방법에 관해서만큼은 배울만한 사람이 지금껏 없었다.

돈을 축적하는 원리, 단 한 가지 본질

이 세상은 자본주의이므로 돈은 돌고 돈다. 국가가 발행한 돈이 생산자와 소비자 간에 돌고 돈다. 그래서 시장이 필요하다. 공산주의는 완전히 다르다. 국가가 발행한 돈을 소비자에게 직접 준다. 생산자가 만들어 낸 부가가치는 국가가 가져간다. 국가가 가져가고, 국가가 나눠주기 때문에 시장이 필요 없다. 결국에는 국가라는 명목으로 한 자리 차지하고 있는 집단이 다 해 먹고 남는 찌꺼기를 나눠주는 구조로 변질할 수밖에 없다.

반면, 자본주의와 자유시장 경제체제에서 시행하는 모든 정책이 자유로울 것 같지만, 정치적 목적에 따라 정책 내용이 공산주의와 같아질 수 있다. 겉으론 자유 시장주의지만, 내용이 공산주의인 것들을 조심해야 한다. 우리는 이런 것들을 정확히 분간하지 못하는 잡음에 가려진 것 같다.

나는 자본주의 시스템에서 살고 있는 한 개인이 돈을 축적하는 방법은 정확히 한 가지밖에 없다고 생각했다.

돈은 가져오는 것이다

자본주의와 자유시장 경제에서 돈을 축적하는 단 한 가지 본질을 꼽으라고 하면, 단연코 '돈은 가져오는 것'임을 말한다. 돈은 받는 것이 아니다. 그 돈을 주는 사람은 최대한 덜 주려고 하기 때문에 주는 대로 받는 돈은 축적할 수 없다. 적극적으로 돈을 가져와야 원하는 만큼 축적할 수 있다.

돈이란 한 국가의 중앙은행만이 발행할 수 있다. 즉, 어느 한 시점에서 총량이 한정된 자원이다. 돈의 총량이 정해져 있고, 인구가 정해져 있다. 그런데, 사람마다 가지고 있는 돈의 양은 다르다. 총량이 정해진 돈은 세상에서 돌고 돌다가 누군가에게로 쏠린다. 돈이 쏠렸다는 것은 한쪽은 돈을 축적하고, 반대쪽은 돈을 소진했다는 것이다.

그런데 이상한 점이 있다. 누구나 경제활동을 하고 있다. 직장에서 일하고 회사의 돈을 가져오는 사람, 가게에서 딸기를 팔아 고객의 돈을 가져오는 사람, 핸드폰을 만들어서 고객의 돈을 가져오는 사람, 백화점 주차장에서 안내하고 백화점의 돈을 가져오는 사람 등, 모두 돈을 가져오고 있다. 그럼에도 격차는 왜 발생하는 것일까?

돈의 소유가 차이 나는 이유

돈은 가져오는 '객체의 수'에서 차이가 난다. 직장인은 회사에서 월급을 받는다. 돈을 가져오는 객체가 단 한 곳이다. 돈을 회사에서 가져오는 동시에 생활 소비를 하며, 마트, 옷 가게, 식당 등 '여러 가지 객체'에 돈을 준다. 가져올 때는 한곳에서 가져오고 돈을 주는 곳은 여러 곳이다. 돈은 한군데에서 받고 소비는 많은 곳에서 하니, 본질적으로 돈을 축적할 수 없는 구조다.

반면, 사업가는 고객의 돈을 가져온다. 돈을 가져오는 객체가 '여러 곳' 또는 '무한대'이다. 사업가는 한 명인데, 돈을 내는 고객은 수십에서 수백, 수만 명이다. 사업가와 고객을 연결하는 매개체 즉, 비즈니스 모델을 통해 가능하다. 여러 객체를 모으는 매개체를 많이 가지고 있으면 돈을 가져오는 양도 늘어난다. 이 구조가 돈을 축적할 수 있는 구조이다.

그럼, 투자는 어떤 걸까? 여러 유형이 있겠지만, 그중에서도 시세차익을 주로 하는 투자를 생각해 보자.

부동산 한 채를 팔면 매수자 한 명으로부터 돈을 가져온다. 돈을 가져오는 객체가 한 곳이다. 하물며 가져오는 객체가 한 곳인데, 돈을 많이 벌 수 있는 구조가 맞는지 의문이 든다. 이것은 자유시장 관점으로 '수요'를 이해하면 설명이 가능하다.

부동산은 입지로 가치가 평가되는 자산이다. 아파트 1세대는 그 '입지'의 작은 일부분이다. 그 입지의 작은 부분을 소유하기 위해서 잠재 고객들이 경쟁한다. 그렇게 여러 객체가 경쟁하면서 가장 높은 가격을 제시한 객체만 남게 된다. 그래서 부동산 거래를 하면 객체 하나로부터 돈을 가져오는 것 같지만, 실제로는 이미 많은 객체가 경쟁한 다음 하나만 거래에 성공한 상태이다.

따라서 부동산 투자는 여러 객체로부터 돈을 가져오는 결과와 같은 효과를 낸다. 부동산을 많이 가지고 있으면 더 많은 객체로부터 돈을 가져올 수 있다.

주식도 마찬가지이다. 성장하는 회사나 국가의 지분을 보유하고 싶은 여러 객체가 가격을 형성하므로 똑같은 원리로 작동한다.

인생은 '돈을 가져오는 게임'이다

인생은 돈이 전부가 아니라는 사람도 있다. 그런데 돈이 인생의 많은 문제를 해결해 준다는 것은 부인할 수 없다. 돈이 많아도 행복하지 않을 수 있다. 그러나 돈이 없으면 불행한 것은 분명하다.

돈을 가져야 한다. 그러나 돈을 직접 만들 수는 없는 노릇이다. 시간이 지나면서 돈을 가져올 수 있는 객체가 많아지는 환경을 만들어야 한다. 처음에는 한 곳의 객체로 시작할 수 있지만, 인생이 끝날 때까지 한 곳의 객체로 끝나면 절대 안 된다.

기억하자. 많은 객체로부터 돈을 가져올 수 있는 무엇, 그 무엇을 찾아서 계속 가야 한다. 그것이 인생의 방향성이다. 빠르면 빠를수록 좋다.

이 책의 목적지

앞으로 읽게 될 내용은 돈을 소진하지 않고, 돈을 축적하도록 도와줄 것이다. 자본주의에서 인생의 방향을 다시 설정해 줄 것이다. 그리고 빠르게 시작할 수 있도록 실천할 전략을 알려줄 것이다. 각자 맞이하는 복잡한 상황에서 본질과 원리에 입각한 선택을 할 수 있는 사고력을 갖추게 될 것이다.

2

근거 있는 자신감 :
직업군인은 부자 되는
최상의 조건

부자가 되는 조건을 갖춘 군인

부자 되기 너무 좋은 조건의 직업이 군인이라고 하면, 정작 군인 본인들만 부정하니 환장할 노릇이다.

모든 사람은 살아가면서 전세, 월세, 매매 중 반드시 하나를 선택해서 거주해야 한다. 모아놓은 돈이 없는 사회 초년생은 거주를 위해 대출 몇억 원을 짊어진 채로 시작한다. 길바닥에서 잘 수 없지 않은가? 따라서 종잣돈을 불려야 하는 시기에 술술 세는 돈이 너무 많아진다. 월급을 받자마자 투자라는 건 생각조차 어렵고 대출을 갚아야 하는 상황으로 시작한다.

반면, 직업군인들은 투자의 최상위 조건을 갖추고 있는데, 대부분 군인은 이런 사실을 인식하지 못한다. 가장 큰 강점은 관사가 지원되니 거주 비용의 압박이 없다는 것이다. 심지어 아주 싸다. 보증금 300만 원이면 관사에서 살 수 있다. 몇억씩 대출받고 시작하는 사회 직장인에 비하면 엄청난 혜택이며, 투자 조건이 만들어지는 최고의 강점이다.

그럼에도 불구하고 이 좋은 조건을 활용하지 않는다. 군인 대부분은 아끼고 아껴서 군인공제회 회원 저축을 몇십 년씩 가입한다. 시중금리보다 1% 정도 이자를 더 주기 때문이다. 20~30년 뒤 전역할 때 그 돈으로 아파트를 사거나 군인 특별공급 아파트 분양을 받겠다는 거창한 계획을 세우고 있다. 정말 성실히 국가에 봉사하는 군인이지만, 안타깝게도 화폐 가치 하락과 함께 자신의 현금이 끝없이 녹아내리는 현상을 인지하지 못한다.

쉽게 일찍 시작하는 직업군인

세계 최고의 투자 거장 워런 버핏은 6살에 사업하고 11살부터 투자를 시작했다. 일찍 시작하는 것은 활용할 수 있는 시간이 많다는 뜻이다. 시간의 누적은 꾸준하고 높은 수익을 보장한다. 이러한 관점에서 직업군인은 일반적인 사회 초년생보다 훨씬 더 좋은 시간적 이점을 갖고 있다.

- 6살에 껌과 콜라를 팔았다.
- 11살에 차트를 보고 우선주를 사면서 투자를 시작
- 15살에 오마하 북부 농지 4만 9천 평을 샀다.
- 17살에 핀볼 머신 대여 사업을 시작했다.
- 26살에 합작회사 형식의 투자 조합 설립(*가족, 친척, 친구*)
- 13년 동안 평균 수익률 30.4% 기록
- 35세 버크셔 해서웨이 인수(*연평균 21.6% 수익*)

대한민국 건강한 남자들은 국방의 의무를 수행해야 한다. 병사로 입대하면 18개월 동안 군 복무를 해야 한다. 빠르면 25세에 취업을 하여 소득이 발생한다. 그러나 다수의 사람은 취업 준비에 1~2년의 세월을 보내며 27세 정도에 취업하여, 사회에 나오더라도 학자금 대출 1,000만 원 정도는 기본으로 가지고 첫 발걸음을 뗀다.

혹은 졸업 후 노량진 고시원에서 공무원 시험에 합격하기 위하여 몇 년 동안을 공부만 하는 사람들도 있다. 그들이 공부하는 과목은 최소 7과목이 넘는다. 시험공부에 절대적인 시간이 필요하다.

반면, 직업군인 중 부사관은 고등학교 졸업 후 지원이 가능하다. 작지만 월급을 빨리 받기 시작하고, 자신의 의지만 있으면 국방부 지원으로 대학 학비 50% 감면 혜택을 받아서 군 복무와 동시에 대학을 졸업할 수도 있다. 장교는 여러 양성 과정이 있지만, 사관학교는 전액 학비지원과 꽤 괜찮은 품위 유지 비용, 만 23세부터 월 소득이 발생한다. 대부분은 일반 행정공무원 시험보다 직업군인으로 합격하기가 훨씬 쉽다. 그리고 법령 공부도 할 필요가 없다. 직업군인은 법령 시험이 없기 때문이다.

따라서, 이른 나이에 월 소득을 발생시킬 수 있고 진입 장벽이 상대적으로 낮은 점에서 일반 사회인과 직업군인의 두 부류를 비교하여 볼 때 아주 큰 장점이라고 할 수 있다. 월급을 빨리 받을 수 있는 만큼, 빨리 투자를 시작할 수 있는 점은 강력한 무기다.

생활의 압박에서 벗어난 직업군인

일반인은 대학생 시절부터 월세로 원룸에 사는 경우도 많다. 취직 후 회사가 통근할 거리가 되지 않는다면 거주지를 구해야 한다. 월 소득이 생기는 즉시 거주 비용으로 많은 돈이 지출된다. 또한 의류, 식사, 교통비 등등 시장의 물가에 맞추어 지출이 필연적으로 발생한다.

반면, 직업군인은 생활 지출 비용에 있어서 엄청난 혜택이 많다. 일단 거주 비용이 거의 공짜나 다름없다. 미혼자에게는 풀 옵션 원룸이 월 관리비 3만 원에 제공된다. 기혼자는 보증금 몇백만 원과 10만 원 정도 관리 비용만 내면 24평 이상의 아파트가 제공된다. PX는 저렴하게 계약된 상품들이 대량으로 들어와 음료, 라면, 냉동식품 외, 시가 50%의 면세주는 직업군인의 소비지출을 크게 줄여 준다. 또한 사단급 부대 단위로 운영되는 군 회관은 저렴하게 식사할 수 있으며, 3만 원 내외로 꽤 괜찮은 객실을 전국적으로 이용할 수 있다. 게다가 주요 관광지의 리조트도 이용할 수 있다.

내가 블로그에 '풀 옵션 원룸'이라는 표현을 썼더니 뭐가 불만인지 '사회 원룸 살아봤으면 그런 말 못 한다'라는 댓글이 달렸다. '그러면 보증금도 없는 월세 3만 원짜리 구해봐.'라고 말해주고 싶었지만, 이미지 관리를 위해 참았다.

어쨌건 세상에서 유명한 부자들은 자린고비 시절을 감내하며 극도로 소비를 줄였다. 직업군인은 일반인 보다 소비지출을 상당히 줄일 수 있다. 그런데도 시간이 지남에 따라 풍요롭게 살지 못하는 것이 일반적이다. 이런 부분이 참으로 안타깝다. 많은 군인이 스스로 부자가 될 기회를 날려버리고 있다.

자본주의의 치트 키 : 직업군인

첫째, 직업군인은 신용이 탄탄하다

군인은 공무원이기 때문에 오랫동안 정해진 월급을 받는다. 박봉의 월급을 받는데 어떻게 부자가 될 수 있냐고 의아해하는 건 당연하다. 그렇다. 월급으로는 부자가 될 수 없다. 심지어 연봉 1~2억 받는 고소득 직장인도 마찬가지다.

우리가 주목해야 할 점은 적은 월급이 아니라, 월급이 얼마나 오랜 기간 보장되는가이다. 오래 보장된 월급은 '높은 신용'으로 평가받는다. 경기가 좋건 나쁘건 변동 없이 꾸준히 지급되는 월급 말이다. 군인 월급은 일반 직장인에 비하면 생각보다 나쁘지 않다. 군대 환경이 싫어서 '이 돈 받고 내가 이걸 하나?'라고 생각하는 점은 일단 접어두길 바란다. 내가 지금 주장하는 것은 '월급의 크기'보다 '신용의 크기'를 말하는 것이다.

'높은 신용'은 우리에게 금융 시스템을 적극적으로 활용할 기회를 준다. 요즘은 병사 월급이 소위 하사들보다 많다고 불평불만이 많다. 만약 자본주의 시스템을 이해한다면, 병사 월급이 10만 원이 더 많든 100만 원이 더 많든 병사들이 은행에서 대출받을 수 없다는 사실을 직감할 것이다.

1억 원짜리 부동산을 취득할 때 하사들은 은행에서 대출받을 수 있다. 그러나 병사들은 은행 대출이 나오지 않는다. 근본적으로 병사들의 월급은 '신용'으로 평가할 수 없기 때문이다. 군인은 오랜 기간 보장된 월급 덕분에 꽤 많은 대출이 가능하다. 은행에서 대출받아 본 사람은 알 것이다.

높은 신용으로 대출이 가능하다는 것은 자산시장에서 '레버리지(지렛대의 원리)'를 활용할 수 있는 역량이 충분하다는 것을 의미한다. 우리에게 대출해 주는 은행은 바보가 아니다. 상환 능력이 충분한지, 담보는 안전한지 모두 점검한다. 군인은 높은 신용도를 갖추고 있다. 지렛대의 원리로 부를 일으키는 방법만 이해하고 실행하면 된다.

둘째, 관사 지원이라는 엄청난 혜택이다

부동산 투자하는 지인들에게 군인아파트 보증금이 300만 원, 월 관리비가 10만 원이라고 하면 군인을 '사기 캐릭터'라고 한다. 심지어 미혼자는 보증금 없이 월 3만 원이라고 말하면 더 놀란다. 왜냐하면, 자신들은 거주 비용을 몇억 또는 월세 100~200만 원을 내고 있기 때문이다. 그리고 그 아까운 돈으로 더 많은 자산을 보유할 수 있다는 사실도 알기 때문이다.

이런 혜택을 군인들만 모르는 것 같다. 엄청난 혜택이 있음에도 군인들은 연금보험, 군인공제회, 군인 예·적금 같은 현금을 갖고 있다. 내 생각에 군인은 현금을 가장 많이 가지고 있는 집단 같다.

거주 비용에 큰돈이 들지 않는데 시간이 지날수록 돈 때문에 허덕이는 이유를 자신들은 모른다. 화폐 가치는 영원히 떨어진다는 사실을 모르고 현금을 20~30년 동안 보유하기 때문이다. 20년 동안 군인공제회에 적금했던 군인들의 수익률은 최종 50~55% 정도 된다. 그 시간 동안 주식이나 부동산 시장은 300~500% 올랐다.

20대 초반 군인이 되는 순간 거주 비용 부담이 완전히 사라진 채로 월급을 받기 시작한다. 올바른 장기투자를 시작하기 너무 좋은 조건이다. 좋다는 표현도 너무 미약하다. 압도적이라는 표현이 더 어울릴 것 같다. 즉, 직업군인은 사회의 어떤 일반인, 직장인보다 일찍 투자를 시작하기에 압도적인 조건이다.

누군가는 겨우 30살이 되어서야 투자를 시작하지만, 마음만 먹는다면 성인이 되자마자 투자를 시작할 수 있는 직업이 군인이다. 자산시장에서 10년이라는 시간의 차이는 어마어마한 복리 효과를 불러온다. 10년의 복리 효과는 주식시장에서 200% 수준, 부동산에서는 100% 수준의 수익률을 보여준다.

다음에 나오는 자본주의, 돈의 개념, 자산의 개념을 차근차근 읽어 보면, 왜 군인들이 부자가 되기 가장 쉬운 직업인지 이해하게 될 것이다. 긴가민가 고민하지 말라. 고정된 월급과 관사 지원을 받을 수 있는 조건에 해당한다면 말이다. 위 두 가지 조건은 군인이 부자 되는 치트 키이다.

3

일찍이 자산을 모은
부자군인들

찌질이? 알고 보니 25살에 서울 아파트 3채

2005년 가을, 나는 서울에서 근무했다. 부대에는 1년 선배 중위가 있었는데, 그 사람은 주변 사람들이랑 어울리지도 않았다. 장교라면 반듯한 자세와 반듯한 외모를 강조한다. 그런데 그 선배는 군복을 벗으면 도무지 장교라고 알아보기 힘들 정도로 찌질해 보였다. 말투도 약간 어눌했다. 그리고 주말이면 부대 내 병사식당에서 전투복을 입고선 3끼를 해결했다. 소문에는 사복 입고 병사식당에서 밥 먹으면 급식비 안 내고 몰래 먹을 수 없으니, 전투복 입고 몰래 먹는다는 이야기가 돌았다.(1년 뒤 인사장교로 보직되고 알게 되었는데, 선배는 꼬박꼬박 급식비를 냈다고 했다.)

그해 부대에서 경복궁 단체관람을 하게 되었는데, 공교롭게도 그 선배와 둘이 함께 병사들을 인솔했다. 경복궁에 도착해서 병사들에게 자율시간을 부여한 뒤 선배와 둘이 남았다. 찌질한 선배와 어울리고 싶지 않았지만 뻘쭘해서 캔 커피를 두 개 사 와서 같이 먹자고 했다. 선배는 고맙다며 커피값으로 부자가 되는 방법을 알려준다고 했다. 그때 선배는 25살이었다.

선배는 서울에 아파트 3채를 가지고 있다고 했다. 너무 놀라서 어떻게 그 많은 돈을 벌었냐고 했더니, 전세와 대출을 활용해서 자기 돈은 2천만 원 들어갔고, 대출금은 월 150만 원 정도 나간다고 했다. 당시 그 선배의 월급 전부였던 것 같다. 지금은 대출금 때문에 빠듯하지만, 부대에서 먹여주고 재워주고 하니 돈 들어갈 일이 없다고 했다. 그때의 충격을 금치 못했다.

그러나 나는 그렇게 살기 싫었다. 철원에서 근무하고 서울로 왔는데 앞으로 2~3년 동안 서울에서 문화생활을 즐기고 싶었다. 연극, 콘서트를 보러 다녔고 친한 선배나 동기들과 클럽도 다녔다. 투자보다 소비를 선택했다. 20년이 지난 지금 그 선배는 아마도 수십억 이상의 자산가가 되어 있을 것 같다.

당시 나는 그 선배 말을 따르지 않았다. 이 책을 읽고 있는 여러분들도 읽는 것으로 끝낼지 모르겠지만, 한번 생각해 보길 바란다. 꿈꾸는 미래를 지금 이 상태와 방식으로 가질 수 있을지 말이다.

37살, 월세 1,500만 원 건물주 후배

2018년 가을, 육군대학에서 A 후배를 만났다. 무려 14년 만에 만난 후배였다. 2018년은 정부에서 다주택자는 적폐라고 규정하고, 부동산 관련 세금이 폭등해 시장에는 금융위기와 부동산 폭락의 공포가 굉장히 이슈가 되었던 시기였다.

어느 날 A 후배에게 밥을 한 끼 사주었다. 후배는 부모님이 가난했다고 했다. 그리고 중위 시절 지금의 아내를 만나 결혼하면서 이 가난의 연결고리를 끊고 싶었다고 했다. 그래서 당시 모아둔 2천만 원으로 토지를 샀다고 한다. 그때가 2008년이었다. 지금은 시가 20억의 상가를 직접 건축하여, 월 1,500만 원의 현금흐름을 가지고 있다. A 후배는 그때 땅을 사라고 했다. 2008~2013년까지의 부동산 하락기를 겪은 당사자로서 토지가격은 오히려 올랐다고 했다.

가난을 끊어버리고 싶다는 갈망이 부자 되는 방법을 찾게 했고 그 후배는 방법을 찾아 스스로 부를 만들었다.

상승장 갭투자, 아파트 다주택자 후배

B 후배는 2018년 당시 아파트 8개를 보유하고 있었다. 어떻게 그렇게 많이 샀냐고 했더니, 전세가율 90% 내에서 1~2천만 원 갭으로 살 수 있는 것을 샀다고 했다. 한두 개 사다 보니 가격이 오르는 것을 보고 재미있어

서 더 매입했다고 했다.

후배는 군인아파트에 살면서, 주말이나 휴가 때는 임장 다니는 것을 나들이 삼아 했다고 한다. 그 후배도 2018년과 2019년 정부의 부동산 규제로 세금 때문에 많이 어려워했었다. 그러나 하나도 팔지 않고 버텼고, 오히려 하나를 더 매입했다.

내게 인천 검단에 미분양 하나를 사라고 했지만 실행하지 않았다. 그 후배가 가진 부동산은 짧은 기간에 2~3배가 올랐고, 전셋값도 폭등하다 보니 투자한 현금은 모두 회수되었다고 했다. 전세가 올라 투자금이 회수되니 투입 자금은 0원이었다. 그러니 10원만 올라도 수익률이 무한대인 것이다.

후배는 군 복무도 정말 열심히 했다. 주말에는 부동산 임장을 여가 삼아 다니며, 무엇을 해도 성공할 수밖에 없는 환경을 스스로 만들어 가는 사람이었다.

2년 만에 자산 8억, 29살 부부 군인

2022년은 부동산과 주식시장에 엄청난 폭락이 있었다. 몇십 년 만에 찾아온 기회로서 절대로 놓쳐서는 안 된다고 생각했다. 그리고 나는 실행할 준비를 했다. 부대에서 투자 이야기하면 대부분은 망하기 쉬운 사람, 결국 빚쟁이가 될 사람으로 인식한다. 그런데도 이 기회를 많은 사람에게 알리고 싶었다.

함께 근무하는 부서원들에게 지금 주식과 부동산을 사야 한다고 말했다. 하지만 아주 길게 설명해 줘도 며칠 동안 반응이 없었다. 속으론 '이래서 군인들이 돈 벌 기회를 놓치는구나.'라고 생각했다.

며칠 뒤 부서원 중 여군 중사 A가 찾아와서 아주 조심스럽게 말을 걸었다. "저 과장님 따라 투자하고 싶습니다."

A 중사는 지난해 삼성전자 주식을 샀다가 손해를 봤다고 했다. 미국 주식을 사라고 했고 부동산도 사라고 했다. A 중사 남편도 군인인데 그녀의 의견에 반대가 심하다고 했다. 경제가 폭망할 거라나 뭐라나⋯. 가족과의 갈등 속에도 A 중사는 내 말을 따랐다. 중간에 변동성이 심했지만, 그때 샀던 미국 주식이 300%가량 올라서 지금은 남편에게 떵떵거리고 있다.

그 후 주식은 그 정도면 되었으니 아파트 한 채를 사라고 했다. 아무리 봐도 2022년 연말의 가격은 더는 찾아오지 않을 것 같았다. 그래서 아파트 사는 방법을 알려주었다. 그러나 남편이 청약을 기다리자며 번번이 반대했다고 한다. 자신의 부대에 청약 당첨된 사람이 있으니, 우리도 해 보자는 식이었다. 너무 답답해서 분양받는 것과 지금 싼 급매로 아파트를 사는 것을 비교해 줬더니 한참 뒤 설득이 되었다. 그리고 몇 가지 매물을 보고 왔는데 계약할지 고민하는 사이 다른 사람이 계약해서 놓쳤다고 했다. 불과 1주일 사이에 사려고 했던 아파트 가격이 5천만 원이나 올라버린 것이다.

'23년 6월, 그 여군 중사는 내가 골라준 아파트 하나를 매수했다. 거의 바닥권에서 산 셈이다. 당시 단 두 번의 의사결정과 선택으로 여군 중사는 10억 원 가까운 자산가가 되었다.

"저, 이제 마음이 너무 편안합니다. 과장님!"

나는 그 친구의 성장이 너무 기쁘고 보람차다. 그리고 그 친구의 남편은 부동산 경매를 열심히 공부하고 있다.

26살, 서울 아파트 매수한 중위

블로그를 운영하면서 아파트 마련 전략이라는 '아마전 시리즈'를 연재했고, 직접 매물을 찾아보고 투자금까지 계산하는 포스팅을 했었다. 약 20명에 가까운 군인과 군인 가족에게 연락이 왔었고, 그들의 고민을 친절히 상담해 주었다.

그중 한 명은 26살 육군 중위였다. 그는 아파트를 매수하고 싶었는데 자신이 살 수 있을지 긴가민가하여, 내 블로그를 보고 나를 찾아왔다. 결론은 서울 구로구 7호선 역 앞의 아파트를 샀다. 나는 영등포역과 답십리역을 추천했지만, 서울 어디든 교통만 괜찮다면 손해 볼 일은 없다고 생각했기에 그렇게 하라고 했다.

그 아파트는 4억 5천만 원에 계약했다. 자기 돈 3천만 원만 들었을 뿐이다. 그 친구는 이제 26살이지만 내 집 하나 없이 전역해야 하는 45세 군인보다 20년이나 빨리 집을 샀다. 그것도 30분 만에 강남으로 바로 가는 지하철 역세권에 말이다.

지난 20년 동안 서울 아파트 가격의 연평균 상승률은 12%다. 지금 4억 5천만 원이 20년 뒤 10억 원의 아파트가 되어 있을 가능성은 충분하다.

부동산 투자하는 교관님

2000년대 초반 장교로 임관하고 초급반 교육을 받았다. 교관님 중 한 분께 일주일 동안 수업을 받는데, 그 교관님은 수업 중간중간 부동산 투자하는 방법을 많이 이야기해 주셨다.

기억에 그분은 일산신도시에 아파트를 사서 몇억을 벌었고, 김포신도시에 분양권을 가지고 있었는데 많이 올랐다고 했다. 그분은 군인공제회는 2만 원만 넣어서 회원자격만 유지하고 대출받아서 아파트를 사라고 했다.

차도 좋은 거 사지 말고 절약하라고 했다. 교관님은 한국에서 가장 저렴한 자동차 '티코'를 타고 다녔다. 그분께 인플레이션과 저금리 시대를 배웠다. 그때 교관님이 시킨 대로 했다면 좋았겠지만, 안타까운 기회가 일찍 지나간 것 같다. 나는 그때 어머니가 시켜서 청약통장을 만들었고, 20년 가까이 수없이 청약을 시도했지만 당첨된 적은 없었다.

4

문제는 직업군인의
가난한 생각

도대체 돈을 어디에 쓰고 있는가?

군인은 투자하기에 좋은 최상의 조건을 갖추었지만, 군인 중에 부자는 극히 드물다. 30년 넘게 복무하고 전역할 때 겨우 아파트 한 채 마련하는 정도다. 그마저도 없는 사람이 많다.

군인은 소득이 사회인 평균보다 더 많음에도 불구하고, 사회인보다 자가 주택 보유율도 낮고 자산도 턱없이 적다. 소득이 더 높으면 더 많은 자을 가지고 있어야 하는 게 당연하다고 생각해 볼때 이런 현상들이 이상하지 않은가?

이 결과는 직업군인에 대한 복지혜택 즉, 관사 지원, 군인 특별공급 분양, 군인 우대 금융상품 등의 혜택 때문에 발생하였다. 자본주의 세상 속에서 정책에 의존하도록 안일하게 군인들을 만들어 왔다.

자산 증식에 관한 올바른 인식과 방향을 교육하고, 그들이 스스로 선택하고 행동하게끔 해야 한다. 절대로 정책만 믿고 있으면 뭐든 해결될 것 같은 희망을 주면 안 된다. 물론 복지정책이 중요하겠지만, 자산 증식과 복지 혜택의 증가를 같은 맥락으로 대한다면 지금까지 계속되어 온 직업군인의 돈 문제는 개선되지 않을 것이다.

그렇다면 군인들은 전역할 때까지 돈을 어디에 두었을까?

30년 넣은 군인공제회 적금 달랑 하나

시중금리의 최고봉은 군인공제회 회원 적금이다. 단 전역 시까지 계속 불입했을 때의 이야기로, 그래봐야 금리 3~5% 수준이다.

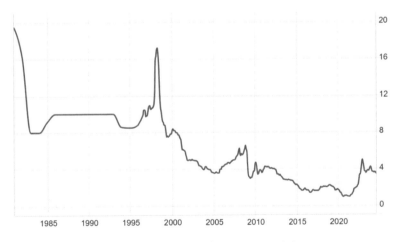

▲ 대한민국 예금 금리 변화 (트레이딩 이코노믹스)

1980년대부터 군인공제회 적금을 넣어온 사람들은 이자율 10% 이상이었다. 당연히 그때는 최고였을 것이다. 1997년 대한민국 금융위기, 2000년 미국 닷컴 버블, 2008년 미국 리먼 사태 등 자산 가격 폭락 속에서 군인공제회 적금이 엄청 안전하고 금리도 높게 주니 최고라고 생각했을 것이다.

2000년 이전까지는 7년만 은행에 현금을 넣어두면 2배가 되는 상황이었다. 그러나 전체를 보면 금리는 꾸준히 내려왔다. 지속적인 화폐의 팽창과 경기 침체에 대한 대응으로 양적 완화 정책은 금리를 30년 전으로 되돌리기에는 어려운 상황이 되었다.

금리는 돈의 가치를 뜻한다. 금리가 낮아진다는 뜻은 돈의 가치가 낮아진다는 뜻이다. 그런데도 많은 직업군인은 군인공제회 적금을 평생 넣는 실수를 범하고 있다. 적금을 아무리 연 복리로 굴려봐도 물가 상승률과 주택가격 상승률을 따라가지 못한다. 금리가 10%에서 5%로 낮아지는 동안 물가와 주택가격은 4~5배가 올랐다. 금리도 복리로 불어나지만, 물가도 복리로 오르기 때문이다.

같이 근무했던 부사관 중에 30년 넘게 복무 후 전역을 앞둔 사람이 있었다. 그 사람은 무주택자였다. 전역 후 취업하려니 일자리도 없다. 특히 고소득 연봉은 기대할 수도 없다. 연금은 매달 300만 원 나오겠지만, 자식들 결혼 걱정이 앞선다. 안타깝지만 직업군인은 높은 확률로 이와 같은 걱정을 하게 될 것이다.

보복 소비 성향이 너무 강한 군인

군인들은 소비지출이 너무 많다. 아마 공감하지 못할 수도 있을 것이다. 소비라는 건 원래 자신이 많이 쓰는지도 모르고 발생한다. 나도 처음에는 절약을 꽤 잘하는 줄 알았다. 사회에서는 나보다 더 아끼는 사람이 훨씬 많았다.

환경이 열악한 곳에서 근무하다 보니 여유시간이 생기면 좋은 곳에 가서 즐기고 싶은 마음이 생긴다. 또 외출 허가 구역으로 생활반경이 억제되어 있다 보니, 한 달에 한 번 정도 휴가를 비싸고 좋은 곳으로 가고 싶은 마음이 생긴다.

어찌 보면 당연한 마음이다. 나도 전방 산골에서 근무하거나 일주일 내내 벙커에서 새벽 2시까지 야근하고, 주말에 나를 위한 뭔가를 하지 않으면 정말 미칠 것 같았다. 군 생활 말고 뭐라도 해야 기분 전환이 된다. 인스타그램을 보고 있자니 예쁜 펜션, 해외여행 리조트, 럭셔리한 레스토랑에서 행복해하는 사람들밖에 보이지 않는다. 나도 저기에 끼지 않으면 불행할 것 같은 마음이 든다.

휴가나 여유시간이 생기면 기다렸다는 듯 계획을 행동에 옮긴다. SNS에서 본 맛집, 여행지 등으로 곧장 달려간다. 이 때문에 생각보다 많은 지출을 한다. 하지만 좀 참아야 한다. 기분 전환 때문에 돈을 사용하는 것은 근로소득만 있는 사람에게는 좋지 않은 선택이다.

나는 동네 도서관을 애용한다. 텀블러에 커피 하나 타서 챙기고, 맥북을 챙겨서 간다. 도서관에서 그렇게 시간을 보내면 온종일 쓴 돈이 없다.

이제는 보복 소비에서 벗어나야 한다. 여가는 즐기되 돈이 들지 않는 것을 선택하길 바란다. 사랑하는 애인이나 가족들을 위해 돈을 써야 한다고 생각하지 말라. 그들이 필요한 건 돈을 쓰는 것이 아니다. 여러분과 함께하는 시간이다. 그들이 진정 원하는 건 돈을 없애버리는 것이 아니다.

연금으로 자신을 위로하는 군인

군인연금은 20년 이상 복무 조건만 충족하면, 전역 즉시 지급되는 장점이 있다. 계급과 근속연수에 따라 다르겠지만 장교의 경우 20년 근무하면 월 200만 원, 30년 근무하면 월 300만 원 정도 받는다.

20년 근무하고 전역하면 45세 정도 된다. 대략 6~7억 원짜리 부동산 월세 임대료를 받고 있다고 생각하면 된다. 충분히 좋은 파이프라인이다. 사회인이 바라보기에 엄청난 혜택이다. 85세까지 산다고 했을 때 월 200만 원의 연금 총액은 9억 6천만 원이다. 시간이 40년인데 10억이 큰돈이라고 생각하면 그 생각은 자기 기준에서 위로일 뿐이다. 이 시간에도 훨씬 어린 어떤 사람은 스마트스토어로 1년 매출 순이익이 1억이 넘는 경우도 허다하다. 내 집 한 채 없이 전역해야 한다면 한 달에 200만 원으로는 어림도 없는 돈이다.

내가 본 군인들은 연금 월 200만 원 받으니 대충 취직해서 300만 원 정도만 받아도 살만하겠다는 말을 많이 했다. 기본 삶을 유지할 만큼의 연금이 주는 안정감 때문인지 직업군인은 위기의식이 없다는 생각이 든다.

5

기본은
국가에 대한 봉사

당신에게 기회를 주는 건 국가와 국민, 전우야

계속 돈 이야기만 하니 걱정되는 부분이 있다. 근무 시간과 훈련 중에 핸드폰으로 주식 차트와 부동산 매매 사이트만 보는 것은 아닐지 걱정이다. 무기와 폭발물, 전투 장비를 다루는 군인이 돈 때문에 집중력이 흐트러지면 대형 사고로 이어지기 때문이다.

이 책을 쓴 이유는, 아무도 가고 싶어 하지 않는 산골 오지에서 청춘을 다 바쳐 근무하는 직업군인들이 돈 걱정, 집 걱정하는 모습을 보고 그 걱정들을 해결할 방법을 알려주기 위해서이지 국가에 대한 헌신을 그만하라는 의도가 아니다.

착각하지 말라. 여러분에게 기회를 주는 건 국가, 국민, 전우들이다. 투자를 목적으로 군에서 월급을 받는다는 파렴치한 생각을 하는 사람에게 경고한다.

"군인은 국가안보의 최선두에 서 있는 사람이다."

대한민국의 영웅 안중근 장군의 유명한 '위국헌신, 군인본분'이라는 말을 듣지 못한 군인은 없을 것이다. 국가 존망이 달린 안보를 담당하는 군인의 의무는 사랑하는 가족이 살아가야 할 영토와 주권을 지키는 것이다. 군인은 복무하는 매 순간 명예로워야 한다. 존귀한 가치가 돈 보다 등한시되어서는 안 된다.

따라서, 이 책에서 알려주는 사고방식과 방법을 따라 하면 군 복무 내내 돈 걱정할 필요가 없을 것이다. 일주일에 한 번 휴일이면 충분하니, 제발 근무 시간에 주식 차트를 보거나 부동산 매매 사이트를 쳐다보지 말길 바란다.

임무 완수와 부대 관리에 최선을 다하라

20년을 근무하다 보니 참 다양한 군인을 만났다. 매사에 최선을 다하고 사소한 지시에 미안하다 싶을 정도로 열심히 하는 군인이 많다. 반면, 말과 행동이 전혀 맞지 않는 사람 또는 기본적인 임무를 수행할 의지가 없는 사람도 많다.

그런데 특이한 건 어느 부대에 가든 꼭 눈에 띄는 사람이 있다는 것이다. 임무를 주면 반응 속도가 빠르고, 진행 경과를 잘 보고한다. 게다가 항상 표정도 밝고 말투도 참 또렷했다.

최근 MZ 세대의 사고방식과 가치관에 관한 이야기가 많이 나온다. 워라밸과 합리성을 중요시하고 항상 이유를 생각하는 그런 세대라고 한다. 정말로 조직과 단체 내에서 싫어하는 스타일이다.

"난 일도 중요하지만 내 사생활도 중요해요."

"왜 이렇게 하는 거죠? 제 기준으로는 전혀 합리적이지 않아요."

조직 내 경쟁자들이 MZ 세대의 성향이 있다면 엄청난 기회를 만난 것이다. 그들의 말과 행동 패턴을 따라 하지 않는 것으로도 장담하건대 더빨리 진급할 것이다. 군 간부라면 항상 임무 완수와 부대 관리에 최선을 다하라. 그러면서 투자는 여가 시간에 하길 바란다.

자산을 늘리는 것은 투자하는 시간과 절대적으로 비례하지 않는다. 좋은 선택을 하느냐의 문제다. 여가 시간에 해도 충분하다.

6

돈을 복사하는 공식

복리를 이해하면 돈이 쉽게 복사된다

군인공제회, 은행, 보험사 등, 이런 곳에서 금융 교육을 받았다면 장담하건대 부를 일으키는 방향과는 정반대 방향으로 교육을 받았을 것이다. 그들은 자신들의 금융상품을 팔기 위해 영업하는 금융회사일 뿐이다. 가짜 복리를 진정한 복리로 가장해서 말이다.

고객의 돈으로 회사의 이익을 더 많이 남겨야 한다. 그러니 자신의 회사에 돈을 맡기는 것이 인생에 큰 이득이라고 홍보하며 영업할 뿐이다. 그 이상도 그 이하도 아니다. 진정한 복리는 그들이 제시하는 상품 속에 있지 않다.

복리는 이자에 이자가 붙는 원리다. 시간이 지남에 따라 자산이 기하급수적으로 증가하는 놀라운 특징을 가지고 있다. 우리는 반드시 복리를 이용해야 한다. 세계의 투자 거장들은 모두 한결같이 복리의 중요성을 강조하고 있다.

"복리는 이자를 낳고, 이자는 또 다른 이자를 낳는다. 복리의 마법을 이해하는 것은 부를 축적하는 비결이다." (워런 버핏)

"복리는 인내와 시간이 만들어 내는 기적이다. 즉각적인 결과를 바라기보다는 장기적인 관점에서 접근하라." (벤저민 프랭클린)

"복리는 자산이 자산을 낳는 방식이다. 부를 축적 하려면 복리의 힘을 최대한 활용해야 한다." (로버트 기요사키)

"복리의 마법은 매일매일의 작은 선택들이 시간이 지남에 따라 큰 차이를 만들어 낸다는 것을 보여준다." (찰리 멍거)

복리에 투자한다면, 이자는 다시 원금이 되는 과정을 반복한다. 다음 그래프는 1억 원을 50년 동안 투자할 경우의 사례이다. 수익률은 10%를 적용했다. 복리 그래프는 직선이 아니라 곡선을 그리며 시간이 누적되면서 크게 올라가는 특징을 보인다. 반면 단리 그래프는 정해진 각도대로 일직선으로 상승하게 된다.

두 그래프를 겹쳐서 보면 복리(점선)는 단리와 비교해 범접할 수 없는 수익률을 보인다. 연수익률 10%로 50년이 지나면 단리는 수익률 600%이지만, 복리는 수익률 11,730%이다. 결론적으로 돈을 복사하는 비밀은 복리 그래프에 올라타는 것이다. 그렇다면 복리 원리를 우리는 어떻게 이용해야 하는 걸까? 먼저 복리의 결과를 만들어 내는 공식을 이해해야 한다.

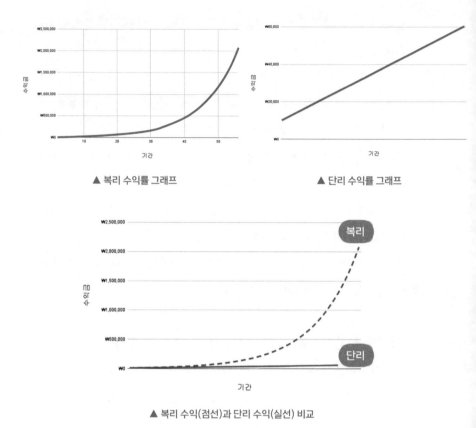

▲ 복리 수익률 그래프   ▲ 단리 수익률 그래프

▲ 복리 수익(점선)과 단리 수익(실선) 비교

$$R = S \times (1+r)^n$$

최종 수익 = 원금 × (수익률) 시간

위 그림은 복리 공식이다. 어렵게 생각하는 사람도 있겠지만, 반드시
기억하길 바란다. 복리 공식은 원금, 수익률, 시간으로 구성되어 있다. 서

로 곱셈으로 연결되어 있어서 어느 하나라도 늘어난다면 최종 수익은 곱셈으로 불어난다.

시간은 수익률을 제곱으로 늘려준다. 이것이 핵심이다. 시간이 길면 길수록 수익률이 기하급수적으로 늘어날 수밖에 없는 이유가 이것이다. 시간은 제곱으로 계산되기 때문이다.

복리 공식을 인생에 적용하는 방법

"모든 생각이 복리 공식을 통과하게 하라!"

나는 모든 투자를 결정할 때 복리 공식을 생각한다. 누가 어떻게 투자할지를 물어보면 답변은 모두 복리 공식으로 해석한다. 복리는 원금, 수익률, 시간의 곱셈으로 만들어진다. 암기하자! 너무 중요한 내용이다.

부자가 되기 위해 다음 3가지 행동을 하면 된다.

1. 원금을 늘리는 것

2. 기대수익률을 늘리는 것

3. 시간을 늘리는 것

위 3가지 복리 공식을 구성하는 요소에 대한 행동을 누적한다면 반드시 부자가 되어 있을 것이다.

첫째, 원금을 늘리는 방법

복리 공식의 가장 기본적이며 필수적인 요소다. 수익률과 시간 값이 아무리 크다고 해도, 원금이 없으면 결과가 생기지 않는다. 따라서 원금을 늘리는 행위는 필수이며, 이 과정 없이는 절대 부자가 될 수 없다.

원금을 늘리는 방법에는 두 가지가 있다.

1. 소득을 늘린다.(종잣돈)

2. 레버리지를 활용한다.(대출, 보증금, 투자금)

소득은 자기 능력과 성실함으로 늘어나며, 레버리지를 활용하는 것은 자본주의에 대한 깨달음으로 실행할 수 있다.

소득은 본질적으로 타인의 돈을 가져오는 것이다. 소속된 직장에서 일하고 있다면 돈을 주는 사람은 사장이다. 군인이거나 공무원이라면 국가가 국민의 돈을 모아 나눠 주는 것이다. 따라서 사업을 하지 않는 경우, 소득을 늘리려면 직장 내에서 승진 또는 진급하거나 정해진 급여를 절약해서 많이 모으는 방법밖에 없다.

군인은 급여를 절약하기에 너무 좋은 직업이다. 즉, 복리로 굴릴 수 있는 원금을 크게 만들 수 있다는 뜻이다. 가장 큰 혜택은 '관사 지원'과 'PX' 같은 복지시설이다. 4인 가족 기준 한 달 생활비의 40%가 식료품비와 주거비다. PX, 군인회관 식당을 이용하여 식료품비를 줄일 수 있으며, 보증금 300만 원의 군인아파트에 거주하여 주거비를 획기적으로 줄일 수 있다.

어떤가? 당신은 지금까지 원금을 늘리는 행위를 하고 있었는가?

다음으로 원금을 늘리는 두 번째 방법은 레버리지를 활용하는 것이다. 레버리지는 타인의 힘을 빌려오는 모든 것을 뜻하지만 자산을 형성하는 과정에는 보통 부채를 말한다. 부채는 본질적으로 타인의 돈을 빌려 쓰는 것이다.

아파트를 매입할 때 우리는 은행에서 대출받거나 임차인 즉 세입자의 보증금을 받는다. 이 방법 모두 부채를 활용하여 원금을 늘리는 행위에 해당한다. 부채를 활용할 때는 그 크기보다 유지 능력이 중요하다. 부채를 사용하려면 유지 능력을 지속할 수 있어야 한다. 레버리지에 관한 내용은 뒤에서 자세히 살펴보겠다.

둘째, 수익률을 늘리는 방법

수익률이라고 하면 대부분 은행 또는 금융기관에서 주는 이자율과 동일시 하는 경향이 있다. 그런데 은행 이자율에서 물가 상승률을 빼면 거의 손해를 보는 것과 다름없다. 이것을 실질 금리라고 말하는데, 역사적으로 실질 금리가 1%를 웃돈 기간은 거의 없었다.

은행이 기업에 5%로 대출을 해준다고 하면, 은행은 예금자에게 4% 이자를 지급한다. 기업은 5%로 자금을 확보했기에 생산하는 제품 가격을 5% 올려야 한다. 따라서 물가는 5% 수준으로 오르게 된다. 소비자인 예금자는 이자를 4% 받는다. 4% 이자를 얻어 봐야 그 돈으로 살 수 있는 물건 가격은 5% 올라 있으니 손해일 수밖에 없다.

이자가 높거나 낮은 것은 상관이 없다. 중요한 것은 물가 상승률을 제외한 실질 금리다. 실질 금리는 구조적으로 제로에 가깝다. 그래서 우리는 은행예금 말고 주식이나 부동산 같은 자산에 투자해야 한다. 대한민국 부동산은 연평균 8~10% 수익률을 보이며, 미국의 종합주가지수는 연평균 10~13% 수익률을 보인다.

수익률을 늘리는 방법은 우상향하는 자산을 선택하는 것부터 시작한다. 나는 미국 종합주가지수 ETF를 강력히 추천한다. 적은 돈으로 꾸준히 매수할 수 있다는 장점이 있기 때문에 사회 초년 시절부터 빨리 시작할 수 있다.

부동산도 마찬가지다. 연평균 10% 수준으로 꾸준히 상승하는 자산이다. 다만 주식보다 더 많은 돈과 신용이 있어야 하기에 부동산 보다는 주식 투자를 일찍 시작하길 권한다.

믿음직하고 좋은 수익률을 보이는 자산을 골랐다면, 수익률을 늘리는 방법은 한 가지가 더 있다. 하락했을 때 투자하는 것이다. 어차피 우상향하는 자산이라면 하락했을 때 악착같이 투자해야 한다. 수익률을 크게 늘릴 엄청난 기회이기 때문이다.

하락	회복
- 10%	11%
- 20%	25%
- 30%	43%
- 40%	67%
- 50%	100%

위 표에서 보듯 자산 가격이 50% 하락할 때 자산을 매수했다면 원래 가격으로 회복만 해도 수익률은 100%가 된다.

막상, 자산시장의 폭락을 지켜보고 있자면 엄청난 공포에 휩싸이게 된다. 온 세상 뉴스에 부정적인 내용이 넘치며, 전문가라는 사람들도 분위기에 맞춰 공포를 심어준다. 믿지 말라. 그들은 그저 뉴스와 자신의 콘텐츠

조회수가 올라가길 바랄 뿐 여러분의 부를 책임져 줄 사람은 없다.

정리하자면, 수익률을 늘리는 방법은 처음부터 우상향하는 자산을 선택하는 것과 시장이 하락했을 때 매수하는 것이다.

셋째, 시간을 늘리는 방법

시간은 수익률을 제곱으로 불어나게 해준다. 이 원리는 마치 마법과 같다. 가능한 원금을 늘리고, 믿음직한 수익률을 골랐다면 이제 시간에 맡기면 된다.

가만히 있어도 수익률이 제곱으로 늘어난다. 연 10%의 수익률은 20년 뒤 670%의 수익률을 안겨 준다. 원금이 무려 7배 넘게 불어나는 것이다. 30년 뒤에는 2,320%의 수익률로 기하급수적으로 늘어난다.

시간을 늘리게 되면 또 다른 효과와 함께 굉장한 시너지 효과를 낸다. 바로 화폐 가치의 하락이다. 자산 가치와 화폐 가치는 반대로 움직인다. 서로 반대의 길을 걷기에 시간이 지나면 그 격차는 더 커진다. 자산의 복리 효과와 화폐 가치 하락이 더해지면 어느 순간 부자가 되어 있을 것이다.

우리는 빨리 돈을 벌기를 바란다. 이 경우 짧은 시간 속에서 지속할 수 없는 높은 수익률을 찾는다. 바람직한 방향이 아니다. 물론 이렇게 돈을 버는 사람도 있다. 그러나 복리 공식을 따르길 바란다. 시간은 제곱으로 성장한다는 것을 반드시 기억하라.

가짜 복리를 멀리하라

복리 효과를 누구나 말할 수 있지만, 그것이 가짜인 경우가 많다.

진짜 복리는 원금이 절대로 줄어들지 않아야 한다. 만약 원금이 지속해서 줄어든다면 그것은 가짜 복리다.

대표적인 경우가 세금과 수수료이다. 소득이 생기면 부의 재분배 원칙에 따라 국가가 부여하는 세금을 내야 한다. 적게는 15%, 많게는 40% 이상을 납부한다. 납부하는 세금의 크기는 소득에 비례하기 때문에 어쩔 수 없는 상황이다. 그러나 언제 세금을 내는가는 복리 공식에서 완전히 다른 효과를 낸다.

아래 표는 원금 1억 원을 연 10%의 수익률로 복리를 계산한 표이다. A와 B의 차이는 이자 세율 15.4%를 언제 부과했느냐이다.

	(A) 최종 수익을 징수하는 경우	(B) 매년 원천 징수하는 경우	(A − B) 최종 수익의 차이
원금	10,000만 원	10,000만 원	–
10년	21,943만 원	22,527만 원	– 1,291만 원
20년	56,915만 원	50,745만 원	2,203만 원
30년	147,622만 원	114,311만 원	33,311만 원

A는 최종 수익에 세금을 부과한다. B는 매년 세금을 부과한다. 표에서 알 수 있듯 10년까지는 매년 원천 징수하는 것이 더 이익이다. 그러나 30년이 지나면 그 차이는 원금의 3배 이상 차이를 만들어 낸다.

복리가 진행되는 동안 수익의 일부를 떼어가는 것은 진정한 복리가 아니다. 따라서 우리가 장기적 관점으로 복리 효과를 누리기 위해서는 효과가 극대화될 때까지 원금을 줄이는 행위를 해서는 안 된다. 세금도 마찬가지이며, 중간에 인출하는 것도 안 된다. 두 가지 모두 원금의 손실에 해당한다.

은행예금이 진짜 복리가 아니라는 이유는 1년 또는 2년 만기마다 이자소득세 15.4%를 원천 징수하기 때문이다.

증권사의 펀드나 보험사의 투자형 상품에 가입하는 것이 마음 편하게 돈을 불릴 수 있다고 생각하는 사람이 많다. 이 회사들은 우리 원금에서 운용 수수료를 빼간다. 그리고 남은 금액으로 투자 운용을 한다. 변액보험의 경우 내는 원금의 10%가량을 수수료로 제외하고 투자한다. 시작부터 10%의 원금 손실 상태로 시작하는 것이다. 한가지 웃긴 점은 그 금융사의 펀드매니저들도 어차피 부동산이나 주식을 산다. 여러분이 부동산과 주식을 직접 사는 것이나 펀드매니저가 사는 것은 어차피 같다.

매번 수수료를 낸다는 것은 원금이 줄어드는 행위를 반복하는 꼴이다. 이런 상품들을 소개할 때 복리 효과를 말한다면 그것은 진정한 복리가 아니다.

부동산과 주식도 어떻게 관리하느냐에 따라 진정한 복리 효과를 누리지 못하는 때도 있다. 샀다 팔았다가 하는 경우다. 최초 매수할 때 부동산은 취득세를, 주식은 수수료를 지불한다. 단 한 번만 내고 몇 년이든 보유하면 된다. 부동산의 경우 매년 재산세 0.4%를 내지만 이자소득세 15.4%에 비하면 무시해도 좋은 수준이다.

부동산, 주식 모두 처분할 때는 양도소득세를 낸다. 가격이 오른 만큼 소득으로 간주하여 세금을 부과한다. 주택의 경우 1억 원의 차익을 냈다면 35%에서 최대 70%까지 양도소득세를 부과한다. 해외 주식의 경우 22%의 소득세를 부과한다.

자산을 살 때도 세금을 내고, 팔 때도 세금을 낸다. 이러니 샀다 팔았다 하게 되면 복리 공식에서 원금이 계속 줄어드는 결과를 초래한다. 매수와 매도를 반복하게 되면 진정한 복리 효과는 절대 누릴 수 없다.

워런 버핏은 보유한 주식을 팔 때는 그것보다 더 좋은 주식을 발견했을 때라고 했다. 투자의 거장도 샀다 팔았다가 하는 것을 경계하며, 진정한 복리 효과에 올라타 있었다.

군인공제회 급여 저축은 다행히 원금이 감소하지 않는다. 다만, 이자율이 평생 유지되지 않거나 감소한다는 단점이 있다.

미국 주식시장은 연평균 13%의 수익률을 보이지만, 대한민국 주택가격 상승은 연평균 8%(*서울 주택 상승률 12%*)이다. 그래서 은행 예·적금과 군인공제회에 저금하여 시간이 지나면 부동산이나 주식과 같은 자산에 투자한 것에 비해 현저히 낮은 최종 수익을 가져갈 수밖에 없다.

게다가 은행 예·적금 이자는 시간이 지남에 따라 수익률도 감소한다. 금리는 계속 낮출 수밖에 없는 금융자본 시스템 때문이다. 세금과 금리변화를 고려할 때 예·적금은 5년 이내가 적당하다. 결국 복리 효과를 극대화하기 위해선 우상향하는 자산에 투자해서 시간의 복리 효과를 누리는 것이 부자로 가는 길이라 할 수 있다.

많은 사람이 빨리 돈을 벌고 싶으니 높은 수익률에 기댄다. 이 때문에 수없이 많은 사람이 돈을 잃는다. 단기간의 높은 수익률로 원금을 불려서 높이 점프하고자 하는 생각 때문이다. 이것은 도박과 같다. 도박처럼 수익률이 높은 것을 찾기만 한다면 부자가 될 순 없다.

복리 공식을 완전히 이해하고, 진짜 복리에 모든 노력을 기울여야 한다. 진짜 복리는 원금을 잃어버리지 않는 것부터 시작한다.

주변에서 투자에 실패해 원금을 잃어버린 사람들의 이야기를 들어보면 이상한 병에 걸린 것 같다. 즉, 자신이 투자한 자산 상품이 좋다고 믿는 병이다. 심리학적으로 확증편향이라고 한다. 그들은 높은 수익률을 기대한다. 내가 보기에 믿을 만한 기대 수익률이 아닌데도 유튜브나 인터넷 검색을 하며 자신이 믿고 싶은 것만 믿으려 한다. 따라서 올바른 판단을 하지 못하고 투자한 원금은 계속 줄어든다.

자산투자 없이 부자가 될 순 없다. 자산을 소유해야 한다. 그렇지 않으면 자산을 가진 사람들보다 상대적으로 가난해진다. 자산을 가지겠다고 마음먹었다면, 단기간의 수익률에 집착하지 말아야 한다.

최종 수익은 복리 공식의 결과물일 뿐이다. 복리 공식의 구성요소를 늘리는 행동과 선택을 인생 전반에 누적시킨다면 부자가 될 수 있다. 단언컨대, 복리 공식을 신뢰하고 이해한다면 당신은 결국 부자가 될 것이다. 원금을 늘리고, 수익률을 늘리며, 시간을 늘리는 행위를 지속한다면….

7

개념정리_ 1

가난한 사람은 평생 모르는
돈의 본질

돈의 본질을 이해해야 한다

본질이란 '방향성과 가치를 유지하는 원동력'이다. 성공적인 선택을 누적하기 위해 본질을 꿰뚫어 보는 것은 아주 중요한 일이다. 사물 또는 현상의 본질을 파악해야 좋은 상황판단을 하게 된다. 결국 좋은 선택과 꾸준한 행동을 하는 원동력이 되어 원하는 목표에 도달할 수 있다.

우리는 자본주의 사회에 살고 있다. 백수든, 직장인이든, 군인이든 상관없이 모두 돈의 흐름 속에 살고 있다. 돈을 소유하기도 하며 돈을 쓰기도 한다. 어떤 이는 그 돈을 자산으로 바꿔놓기도 한다.

따라서, 돈의 본질을 알아야 제대로 벌고 쓸 수 있다. 돈에는 감정도 도덕도 없다. 그저 돈을 사용하는 사람, 그 주인의 생각대로 움직일 뿐이다. 돈의 주인이 그것의 본질을 얼마나 이해하는가에 따라 돈은 주인을 모시기도 하고 버리기도 한다. 최소한 돈으로부터 버림받기 싫다면 돈의 본질을 이해하도록 하자.

돈의 본질

'돈'의 방향성과 가치를 유지하는 원동력은 무엇인가?

이것을 파악하게 된다면 돈의 본질을 이해하는 것이다. 먼저 알아야 할 기초지식이 있다. 돈은 '물물교환의 매개체'일 뿐이다. 돈은 과거 조개껍데기로부터 시작했다. 지금은 쓰레기나 다름없는 것이 최초의 돈이었다. 이렇듯 돈은 그저 물물교환의 수단이다. 시대에 따라 금, 은, 종이 등으로 형태만 바뀌었을 뿐이다.

조개껍데기를 돈으로 사용할 수 있었던 이유는 그 시대 이용자들이 모두 약속했기 때문이다. 즉, 물고기 1마리는 조개껍데기 10개라고 약속하는 것이다. 이런 약속들이 발전하여 신용 시스템이 정착하게 되었다. 자본주의에서 아주 중요한 개념이다. 돈의 형태는 가치가 없지만, 돈을 이용하는 사람들의 약속, 즉 신용은 가치를 가지게 된다.

현대의 그 약속과 보증은 중앙은행이 결정한다. 5만 원짜리 지폐를 발행한 한국은행이 파산했다면, 5만 원을 보증해 줄 주체가 소멸했기에 5만 원은 그저 종이 한 장에 불과하다. 결국 돈은 신용이다. 중앙은행이 보증해 준 가치를 포함하고 있기 때문이다. 신용은 상호 간의 약속이다. 이 신용 때문에 물건 대신 돈으로 보관하고 있다가 필요할 때 물건으로 바꿔 가져올 수 있게 된다. 돈으로 물건을 바꾸는 능력은 구매력이다. 결국, 구매력은 신용을 바탕으로 형성된다.

돈에 대한 신용은 중앙은행이 보증해 주므로 우리는 돈으로 구매력을 갖게 된다. 돈이 많으면 비싼 물건을 많이 살 수 있는 것처럼 돈이 많으면 구매력도 높아지게 된다.

그러면 사람들은 돈을 많이 가지고 있으면 되겠다고 생각할 것이다. 그렇다. 돈을 많이 가져야 부자가 된다. 하지만 돈은 오래 가지고 있으면 안 된다. 구매력은 시간이 지나면서 작아지기 때문이다.

국제 기축통화인 달러는 지난 110년 동안 1,000포인트에서 33.6포인트로 떨어졌다. 이 통계를 바탕으로 100년 동안 돈을 손에 쥐고 있는 것이 어떨지 생각해 보자.

	할아버지 (1913년생)	아버지 (1980년생)	손자 (2022년생)
구매력 지수	1,000	120	33.6
보유한 돈	10개		
가치 평가	100%	12%	3.3%

▲ 100년 동안 할아버지가 손자에게 물려준 돈의 구매력 (달러 구매력 지수 참조. FRED)

1913년생 할아버지가 가진 돈 10개는 100%의 구매력을 가진다. 돈 10개를 1980년생 아들에게 물려주면 구매력은 12%만 남는다. 2022년생 손자에게 돈 10개를 물려주면 구매력은 단지 3.3%만 남게 된다. 결국, 할아버지가 준 돈은 손자에게 단 3.3%의 구매력만 전달된다.

여기서 기억해야 할 점은 손자에게 물려준 돈의 개수는 10개로 모두 같았다는 것이다. 돈의 개수가 같아도 100년이 지나면 구매력은 단 3%만 남는다. 이런 현상은 전 세계 모든 경제학자들이 부정할 수 없는 화폐 이론을 이해한다면 어렵지 않게 수긍할 수 있을 것이다.

돈의 가치는 영원히 하락한다

밀턴 프리드먼은 '화폐 이론'으로 노벨 경제학상을 받은 사람이고, 당시에는 엄청난 발견이었지만 지금은 상식이 되었다.

돈의 양 즉, 통화량을 유동성이라고 부른다. 생산자와 소비자 간의 거래는 돈으로 이루어져 움직인다는 뜻이다. 경제는 돈이 있어야 돌아간다. 이 세상에 100만 원밖에 없고, 자동차 1대 밖에 없다면 자동차의 가격은 100만 원인 것이 당연한 이치일 것이다. 200만 원만 존재하는 세상에서 자동차가 1대 밖에 없다면 자동차 가격은 200만 원이 된다. 자동차가 200만 원인 세상에서 100만 원이라는 돈은 자동차 1대도 살 수 없는 상황이 되어버린다. 100만 원의 가치가 하락한 것이다. 즉, 세상에 돈이 많아지면 돈의 가치와 구매력은 작아진다.

이 현상의 결과는 물가로 표현된다. 돈의 구매력이 낮아지면, 물가는 오른다. 물가가 오르는 이유는 세상에 돈이 많아졌기 때문이다.

어린 시절 내가 좋아했던 죠스바는 동네 구멍가게에서 100원에 팔았다. 30년이 지난 지금 아이들과 편의점에 가보니 최소 600원이다. 30년 동안 6배가 올랐다. 30년 동안 6배가 오르려면 매년 6% 이상 가격이 올라야 한다.

통계상으로 평균 물가 상승률은 3% 수준이지만, 실제 체감하는 물가는 6%라고 생각해도 무방하다. 금 가격이 연평균 7%씩 올랐으니, 돈의 구매력은 그 반대로 매년 7%씩 떨어진 것이다.

이처럼 돈의 구매력은 매년 6~7%씩 떨어지고 있다. 현찰을 오래 가지고 있을수록 손해가 눈덩이처럼 커진다는 말이다. 돈이 녹아내린다는 표현이 맞다.

그렇다면 왜 세상의 돈의 양은 많아질까? 아주 중요한 질문이다. 이는 향후 돈의 방향성을 설명해 주기 때문이다.

첫째, 생산과 소비의 구조 때문이다

중앙은행이 돈 1억 원을 생산자와 소비자에게 각각 주었다고 가정하자. 각각의 1억 원은 영원히 균형을 유지할까? 그렇지 않다.

돈은 생산자에게 흘러간다. 생산자는 유·무형적 상품으로 부가가치를 만들어 소비자에게 판매하고 돈을 받는다. 소비자는 부가가치를 생산하지 않기 때문에 자신이 가진 돈을 생산자에게 지불한다. 생산자는 그만큼 돈을 더 보유하게 된다.

이렇게 생산과 소비의 거래를 통해 점점 생산자에게 돈이 모인다. 생산자의 돈은 1억 원보다 더 많아지고, 소비자의 돈은 1억 원보다 작아지게 된다. 이걸 양극화 현상이라고 한다. 생산자는 돈이 축적되고, 소비자는 돈이 소진된다.

여기서 정부가 개입한다. 돈이 점점 없어지는 소비자는 정치적으로 투표권자이기 때문에 정치인들은 통화정책을 통해 소비자들에게 유동성에 쉽게 접근할 수 있도록 조치한다. 쉽게 말해 정부지원금을 주고, 대출을 쉽게 할 수 있도록 도와준다는 것이다. 결국, 부족한 소비자의 돈을 채워주기 위해 화폐량은 최소 2억 원보다 더 증가하는 형국으로 흘러가게 된다.

둘째, 은행이라는 신용 시스템 때문이다

은행은 고객의 돈을 받아, 그 돈을 필요한 사람에게 빌려준다. 고객의 돈 1억을 받으면 1억을 다른 사람에게 빌려줄 수 있다. 그리고 빌린 사람으로부터 이자를 높게 받고, 돈을 맡긴 고객에게는 낮은 이자를 지급하고 그 차익을 주 수입원으로 운영한다.

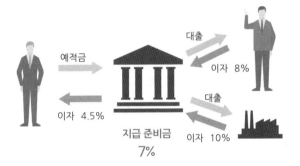

만약, 은행이 대규모 인출 사태, 대출금 연체 등의 사태에 노출되면 부도처리 되어 은행에 돈을 맡긴 많은 고객은 자기 원금을 완전히 잃기도

한다. 이런 상황을 방지하기 위해 법으로 정한 '지급준비금'이라는 제도가 있다. 고객의 원금 일부는 금고에 보유하라는 내용이다. 고객이 언제든 돈을 찾을 수 있게 말이다.

문제는 그 '지급준비금'의 비율을 7%로 정했다는 점이다. 중앙은행이 1억 원을 발행했고, 1억 원을 가진 고객이 은행에 모두 맡겼다고 하자. 은행은 1억 원에서 700만 원을 뺀 9,300만 원을 타인에게 대출해 준다. 이렇게 시중의 돈은 1억 9,300만 원으로 늘었다. 은행에 예금한 고객의 계좌의 1억 원과 은행에서 대출받은 사람 계좌에도 9,300만 원이 있기 때문이다.

실제 돈은 1억 원이 전부인데, 은행의 예금과 대출 한 번으로 돈의 양이 93%나 늘었다. 9,300만 원을 받은 고객은 (a) 물건을 사고, 그 (a) 물건을 팔았던 사람은 9,300만 원이 생겼다. 이렇게 돈이 생긴 사람은 다시 은행에 9,300만 원을 예금하고, 은행은 '지급준비금' 7%인 650만 원을 뺀 8,650만 원을 다시 대출해 준다. 이처럼 처음에 늘어났던 시중의 돈 1억 9,300만 원은 다시 2억 7,950만 원으로 또 늘어난다. 최초 발행량보다 약 280%나 돈의 양이 늘었다.

여러 가지 변수가 있지만, 원리를 이해하기 위해 이론적으로 살펴보면 화폐는 중앙은행이 발행한 화폐의 최대 14배까지 늘어날 수 있다.

개인으로 따지면 예금하거나 대출을 받았을 뿐인데, 시중의 돈의 양은 완전히 증폭되었다. 이런 원리로 돈의 양은 계속 늘어나고 돈의 구매력은 떨어질 수밖에 없는 것이다.

셋째, 대출은 계속 증가할 수밖에 없기 때문이다

사람들이 예금하고 대출을 받는 것만 해도 돈은 늘어난다. 그렇다면 '대출은 계속 늘어나는가?' 하는 의문이 들 것이다. 대출이 계속 늘어날 수밖에 없는 방향성을 가진다면 통화량도 늘게 되고 그 결과 돈의 구매력은 떨어져 물건과 자산의 가격은 올라가게 될 것이다. 반대로 사람들이 대출을 이용하지 않는다면 더는 통화량은 늘어나지 않을 것이다.

결론부터 말하자면, 대출은 좋든 싫든 계속 늘어날 수밖에 없다.

모든 국가는 경제가 성장하길 바란다. 망하길 바라는 국가는 없다. 경제가 성장한다는 것은 생산자와 소비자 간의 거래가 활성화되는 것이다. 생산자는 그 과정에서 부가가치를 창출하는 과정이 필요하다. 원료를 채굴하고 운반하며 제조, 가공하고 생산하는 과정에는 충분한 시간이 필요하다. 이 시간 동안에는 부가가치가 발생하지 않기 때문에 돈이 필요하다. 기업이 대출받아 자금을 확보하는 것은 대출 비용보다 더 큰 부가가치를 만들기 위함이다.

아파트 분양제도를 좋은 예로 볼 수 있다. 아파트는 건물을 짓기도 전에 분양자를 모집하고 계약금을 받는다. 그리고 3개월마다 고객으로부터 중도금 형식으로 건축비용을 조달받는다. 이에 고객은 그 중도금을 은행으로부터 대출받아 납부하기도 한다. 혹은 공사업체가 처음부터 프로젝트 파이낸싱(PF) 자금을 투자자로부터 조달받아 건물을 착공하는 일도 있다. 어쨌건, 건물을 완성해 판매하기 전부터 '부채'를 수년 동안 활용하는 건 어쩔 수 없는 상황이다.

즉, 생산과정은 소비자가 상품을 구매할 때까지 시간이 필요하다. 그 시간을 돈으로 메꾸는 것이 대출이다. 대출의 본질은 시간을 사는 개념과 같다.

다시 정리하자면, 생산은 준비 과정에서 돈과 시간이 필요하므로 대출을 일으킬 수밖에 없다. 생산이 활성화되어야 거래의 초석이 되고, 그 결과 GDP(국내 총생산량)가 증가하며 경제가 성장한다. 따라서, 경제의 규모가 커지고 발전하면 대출 규모도 계속 커지게 된다. 역설적으로 대출 규모가 커졌기 때문에 생산 규모를 키울 수 있었고, 경제 규모도 커진 것이다.

자본주의와 자유시장 경제에서 대출의 규모는 경제 규모와 함께 성장했고, 앞으로도 그 방향성을 유지할 것이다. 경제에 위험을 주는 것은 부채의 크기가 아니다. 부채만큼 GDP가 성장하지 못할 때 위험이 다가온다. 대출의 규모가 커질 수밖에 없으므로 통화량은 계속 늘어나고 이 때문에 우리가 가진 돈의 구매력, 돈의 가치는 계속 하락한다.

많아지는 돈의 양 때문에 물가는 오른다

앞서 돈의 구매력은 떨어지고, 돈의 양은 많아질 수밖에 없음을 알아보았다. 돈의 가치가 떨어지면 돈으로 살 수 있는 물건 가격도 오르게 된다.

100원으로 살 수 있었던 죠스바가 이제는 100원으로 살 수 없다. 100원의 가치와 구매력이 떨어진 것이다. 100원짜리 동전을 30원으로 변경할 수 없으니, 그 돈으로 구매할 수 있는 물건 가격이 비싸지는 현상으로 나타난다. 이렇게 물가가 오르는 것을 인플레이션이라고 부른다. 장기적으로 구매력을 보존하려면, 인플레이션과 함께 그 가치가 상승하는 물건을 사야 한다.

2022년도에 너무 과도한 인플레이션이 발생하였기에 나쁜 점만 보이겠지만, 적절한 인플레이션 상승은 원활한 거래와 경기 순환을 좋게 한다. 인플레이션은 경제 성장의 결과이기에 적절하게 상승해 주어야 하는데, 마치 따뜻한 목욕물에서 편안함을 느끼는 것과 같다고 생각하면 된다.

인플레이션 속에서 장기적으로 구매력을 보존하려면, 돈을 물건으로 교환해 두어야 한다. 이런 물건을 '자산'이라고 부른다. 어떤 물건을 선택하느냐가 정말 중요한데, 부동산은 말하지 않아도 모두 알 것이다.

절대 하지 말아야 할 것은 시간이 지나면서 사라지는 명품 가방, 자동차 등 소모품으로 돈을 교환하는 것이다. 대부분 알겠지만, 막상 선택의 순간에 소모성 물건으로 교환하는 경우가 많다. 10% 할인받아서 잘 샀다며 자기 합리화에 빠지고, 이후 비슷한 생각을 하는 사람들과 공유하면서 정말 잘했다며 셀프 칭찬하고 끝난다. 그리고 시간이 지나면 남는 건 없다.

잠시 돈의 가치가 올랐을 때

기준금리는 지난 몇 년 동안 큰 변동이 있었다. 2020년 코로나 팬데믹 이후 제로금리까지 한순간에 낮추고, 2021년 0.75%였던 금리는 2023년까지 3.5%로 올랐다. 금리가 5배 올라, 한 달에 대출이자 100만 원 내던 사람이 500만 원을 은행에 내야 하는 상황까지 온 것이다. 정말 숨통이 막힐 정도로 금리가 단숨에 올라버렸다. 2008년 이후 최고 금리였다.

그러자 자산 가격은 폭락했다. 금리는 돈의 공식적인 가치를 뜻한다. 즉, 2023년 1월에는 15년 만에 돈의 가치가 최고 수준이었고, 자산 가격은 폭락했다. 뉴스에는 대출 금리가 높아서 자산을 취득하는 것을 금리가 낮아지면 해야 한다는 기사들이 쏟아졌다.

돈의 가치는 영원히 하락하는데 15년 만에 최고 수준으로 올랐다. 이때는 돈의 가치가 높으므로 가능한 대출을 더 많이 받아야 한다. 돈의 가치가 높을 때 돈을 더 많이 가져와 자산을 사야 한다. 앞으로 돈의 가치가 떨어지면, 이자 부담도 줄어들고 자산 가격도 올라가는 것은 정해진 방향이기 때문이다.

"2023년 1월, 지금은 가능한 많은 대출을 받아서 부동산이나 주식을 사야 하는 시기다."

내가 지인들에게 입에 달고 살았던 말이다. 불과 2년이 지나지 않았지만, 서울과 수도권 아파트 가격은 꽤 많이 올라 신고가로 거래되는 사례가 쏟아지고 있고, 미국 종합주가지수는 사상 최고치를 넘어섰다.

이런 판단과 행동을 할 수 있었던 것은 돈과 자산 가치의 균형이 흔치 않은 일시적 현상이었고, 원래의 본질로 돌아갈 것임을 알았기 때문이다.

8

개념정리_ 2
부채는 불과 같다

레버리지를 모르면 당신은 받침대 인생이다

레버리지(*Leverage*)는 지렛대의 원리를 뜻한다. 작은 힘으로 큰 힘을 발휘할 수 있는 지렛대 말이다. 레버리지는 보통 우리 일상에서 대출을 뜻하기도 한다. 그러나 대출은 레버리지의 일부일 뿐이다. 레버리지는 본질적으로 내가 아닌 다른 힘을 빌려 효과적으로 사용하는 것을 말한다.

이 세상에는 타인의 힘을 빌려 사용하는 사람과 자신의 힘을 타인에게 빌려주는 사람이 있다. 레버리지의 저자 롭 무어는 자본주의 시스템 내에서 살아가는 사람들의 부류를 '레버리지 하는 사람'과 '레버리지 당하는 사람'으로 분류했다.

누구나 레버리지를 당하는 동시에 레버리지를 사용한다. 누군가의 자본이나 노동을 이용해 자신의 자본과 자산을 성장시키는 사람은 레버리지를 잘 사용하는 사람이다. 반면 누군가를 위해 노동과 자본을 제공하고, 자기 돈을 소비하는 사람은 레버리지를 당하는 사람이다.

이 두 부류가 조화를 이루는 대표적인 시스템이 분업 시스템이고 오늘날 인류의 성장을 크게 가져온 바탕이 되었다.

여러분은 레버리지를 이용하는 사람인가? 레버리지 당하는 사람인가?

1. 소득은 직장에 노동을 제공하고 받는 근로소득밖에 없다.

2. 거주 형태는 전세 또는 월세로 소유한 부동산은 없다.

3. 전 재산이 은행의 예·적금이다.

4. 생활비를 위해 마이너스 통장이나 대출을 이용한다.

5. 높은 보험금을 위해 가입한 보험이 2개 이상이다.

6. 노후를 위해 변액연금보험에 가입해 있다.

위 6가지 상황에 해당한다면 레버리지를 당하기만 하는 사람이다. 이것이 전부는 아니겠지만, 레버리지 당하는 사람의 공통점이 있다. 바로 '직접적인 자산 소유권'이 없다는 점이다.

불편하겠지만, 자산 소유권이 없다면 '지렛대의 받침대' 밖에 되지 않는 존재가 된다. 자산 소유권을 가진 사람이 지레에 여러분을 받침대로 끼워 넣고 자신의 자산을 더 크게 늘려가기 때문이다. 간혹 위 6가지 상황에서 은행에 예·적금을 가입하는 것이 왜 레버리지 당하는 것이냐고 의문이 생길 수도 있다. 은행에 돈을 넣어도 그 은행의 소유권 즉, 지분을 취득하지는 않기 때문이다.

자기 자산과 소유권 없이 더 큰 자본과 노력을 기울여 누군가의 받침대로 계속 살아간다면, 상대방은 훨씬 더 큰 자본의 상승을 누리게 된다.

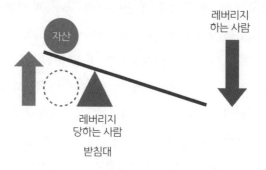

레버리지
하는 사람

자산

레버리지
당하는 사람
받침대

만약 받침대가 더는 쓸모가 없어진다면 즉시 버려진다. 레버리지 하는
사람은 여러분보다 더 큰 받침대를 찾을 것이기 때문이다. 더 큰 받침대
를 끼워야 더 쉽게, 더 크게 성장할 수 있다. 이 경우 해결책을 찾지 않으
면 자본주의 시장에서 퇴행적인 존재가 될 가능성이 크다.

레버리지 당하는 사람은 자신이 누군가의 받침대 같은 존재라는 걸
잘 인지하지 못한다. 안정된, 안정을 위한, 안정적이라는 단어들로 자각하
지 못하도록 만들기 때문이다.

레버리지 당하는 것을 인지하지 못하는 것은, 주변 사람들이 레버리지
당하는 사람밖에 없기 때문이기도 하다. 레버리지를 직접 사용하거나 당
하면서 사는 것의 선택은 자유지만, 그 선택이 인생 전반에 누적되어 발
생한 결과는 자신뿐만 아니라 가족들도 감당해야 한다.

부채도 자산이다

경영이나 회계에서 '자산'이라는 것은 [자본 + 부채]로 계산된다. 우리가 보통 자산가라고 하는 사람은 모두 부채를 껴안고 있다. 기업들도 마찬가지로 부채를 갖고 있으며, 심지어 정부나 은행도 부채를 갖고 있다. 앞서 돈의 본질에서 봤듯 대출과 부채는 성장을 위한 필연적인 존재다. 따라서 제대로 알고 적극적으로 활용해야 한다.

4억 원의 대출을 받아서 아파트를 사라고 하면, 주변 사람들은 나를 나쁜 사람으로 생각하는 것 같다. 어떤 친구는 내가 대출받는 것에 겁이 없다고 신기하다고도 하지만, 나는 부채를 이용하는 방법을 이해했을 뿐이다.

부채는 자산의 규모를 키우는 데 필수 요소이다. 물론 부채 없이도 자산의 규모를 키울 수 있다. 다만 그 결과물(수익률)이 시장 평균 정도만 따라갈 뿐이다.

대부분 사람은 부채를 이용할 줄 모른다. 부채는 '불'을 다루는 것과 같다. 불은 내 몸을 따뜻하게 하거나 음식을 익혀 주어서 보다 맛있게 먹기 위해 이용한다. 반면, 불이 나면 큰 인명과 재산의 피해를 남기기도 한다.

우리는 부채를 정확하게 배운 적이 없다. 적어도 우리 부모님이 부채를 잘 이용하는 방법을 가르쳐 주지 않았다면 말이다.

나의 부모님은 항상 빚을 지면 안 된다고 가르쳐 주셨다. 그리고 아버지 친구분이 대출 때문에 크게 고생한 것도 들려주셨다. 내가 돈의 본질을 알기 전까지는 그런 줄 알고 살아왔지만, 돈의 본질을 알게 된 순간 모든 것이 잘못되었음을 깨달았다.

부채를 잘 활용하면 레버리지 효과를 통해 큰 자본 성장을 이룰 수 있다. 반면, 잘못 활용하면 평생 허덕이며 살 수도 있고, 길바닥에 나앉을 수도 있다. 부채의 잘못이 아니라, 부채를 사용하는 사람의 잘못이다. 부채를 잘 이용하는 방법을 아는 것은 자본주의에서 매우 중요한 과업이다.

시세 5억 원의 아파트 한 채를 소유하여 실거주한다고 가정하자. 자신의 현금(자본) 1억 원과 대출(부채) 4억 원으로 샀다. 아파트라는 자산은 5억 원이다. 이 경우를 순자산이 1억 원밖에 없다고 비아냥거리는 사람도 있다.

그러나 대출 4억 원을 유지할 수 있는 능력, 이 부채를 유지할 수 있는 능력도 자산이다. 순자산 따지면서 비아냥거리는 사람과는 굳이 논쟁할 필요도 없다. 어차피 그 사람은 '부채 유지 능력이 자산'이라는 개념 자체도 모르기 때문이다.

부채를 발생시키려면 신용이 좋아야 한다. 신용도 능력이다. 좋은 직장, 안정된 소득, 깔끔한 금융 생활 등등 이런 신용이 좋은 사람에게 '부채'라는 도구를 사용할 기회가 주어지기 때문이다.

신용으로 만들어진 부채도 자산의 일부다. 신용이라는 시스템에서 우리가 그 부채를 가져도 된다는 능력을 증명해 주기 때문이다. 즉, 신용이라는 능력은 자신의 자산이다. 따라서 자산은 자본과 부채를 더한 것이다.

[자산 = 자본 + 부채]

이 개념을 이해했는가? 그러면 부채의 위치를 바꿔보자.

[자산 − 부채 = 자본]

자본은 실제 현금을 뜻하며 자산에서 부채를 뺀 값이다. 순자산이라고 부르기도 한다. 앞서 돈의 가치는 영원히 떨어지고 자산의 가치는 영원히 오른다고 했다.

자산 (가치 상승)

－　부채 (가치 하락)

———————————————

자본 (자산보다 더 큰 상승)

　자산의 가치는 올라간다. 반대로 부채의 가치는 떨어진다. 부채는 돈이기 때문이다. 결론적으로 자산은 더 커지고, 빼야 할 부채는 더 작아지면서 자본은 더 커지는 효과를 만든다. 자산 상승률보다 자본 상승률이 훨씬 더 커지게 된다. 이를 레버리지 효과라고 부른다.

　지난 20년 동안 대한민국 아파트 가격이 2배 올랐으니 자산 가치의 상승은 2배를 적용하여 예를 들어보자. 이 경우 화폐 가치는 50% 떨어진다.

	자산 가치	부채 가치	자본 (자산 – 부채)
최초	10억 원	10억 원	0원
20년 뒤	20억 원 (+ 10)	5억 원 (– 5)	15억 원 (+ 15)

▲ 자산 가치는 오르고, 부채 가치는 내려간다.

　위 표에서 자산 10억 원이 오르는 동안 부채 가치는 5억 원으로 줄었다. 그 결과 자본은 자동으로 15억 원이 된다. 자본이 0원에서 15억 원으로 늘어난 것이다. 자산과 부채 모두 가만히 있는데, 화폐 가치가 하락하면서 자본이 증가했다.

우리는 자본주의 시스템에서 자산 가치의 장기 우상향을 믿어야 한다. 부채를 잘 이용하면 부자가 되는 길에서 속력을 강하게 낼 수 있다. 이 원리가 작동하는 이유는 돈의 가치가 영원히 하락하기 때문이다.

부채에는 두 종류가 있다

첫째는 은행 대출이다.

대출을 사용하면 그 기간만큼 비용을 내야 한다. 사용한 기간에 비용을 잘 내면 오랫동안 안정적으로 부채를 유지하고 활용할 수 있다.

둘째는 타인의 돈이다.

임대보증금, 직접 투자금 등 타인으로부터 직접 받은 돈을 말한다. 타인의 돈을 받을 때는 계약을 한다. 언젠가는 돌려주겠다는 것이 그 계약의 조건이다. 돈을 받은 사람은 일정한 서비스를 제공해야 한다.

부동산 계약의 경우는, 임대보증금을 받고 거주 서비스를 제공한다. 기업 투자금의 경우는, 투자자들에게 배당금을 주기적으로 제공해 준다. 이렇게 타인의 돈도 부채의 한 종류가 된다.

부채는 은행 대출, 보증금, 투자금 등 언젠가는 돌려줘야 하는 타인의 돈이다. 돈을 빌려주는 타인은 손해를 보지 않기 위해 조건을 따진다.

- 은행 대출 조건 : 담보물, 신용
- 보증금 조건 : 담보물

- 투자금 조건 : 미래성

부채의 기본 조건은 신용이다. 손에 잡히는 믿음이 있어야 부채를 사용할 기회를 건네주기 때문이다. 대출을 실행하고자 할 때 은행은 이렇게 생각한다. '이 사람에게 대출해 주면 앞으로 30년 동안 이자와 원금을 갚을 능력이 되는가? 만약 안 되면 담보물로 원금 회수가 가능할까?' 즉, 은행이 정해준 대출한도는 내 신용을 숫자로 표현한 것이다. '미래의 내가 최소한 확보할 수 있는 돈'이라는 뜻이다.

대출은 레버리지의 일부다. 많은 직업군인은 대출을 잘 이용할 줄 모른다. 대출받는 것을 부끄러워한다. 주변에 아파트를 샀다고 하는 사람에게 축하한다고 했더니 그 사람은 겸손의 말로 이렇게 대답하는 경우가 많다.

"대출이 많아서…, 제 돈 아니고 은행이 사준 거예요."

"전세 끼고 샀어요. 세입자 돈이 더 많이 들어있어요."

레버리지를 아주 잘한 경우다. 이 사람에게 돈을 대출해 준 은행과 전세 세입자는 레버리지를 당한 것이다. 당장은 자산이 오르지 않더라도 내 지렛대에 받침대를 잘 끼운 상황이기 때문에 받침대 관리만 잘하면 자산 가치의 상승은 시간이 해결해 준다. 단, 부채가 위험한 경우도 있다. 다음 세 가지를 조심해야 한다.

첫째, 부채의 담보 자체가 불안한 경우

대출은 신용이므로, 믿을 만한 담보만큼 돈이 나온다. 반대로 그 담보의 가치가 사라지면 대출은 강제 회수된다. 신용대출은 안정된 월급을 담보로 평가한다. 신용대출을 받은 상태에서 직장을 그만두면 월급이라는 담보가 사라졌으므로 대출금은 전액 상환해야 한다. 상환하지 못하면 파산하게 된다.

다른 부채도 마찬가지다. 담보 자체가 불안정하고 변동성이 크다면 그 부채는 매우 위험하다. 흔히 주식을 대출받아 망한 사람의 이야기를 들어봤을 것이다. 이 사람의 경우 증권사에서 주식을 담보로 대출받는다. 주식이 올라가면 레버리지 효과로 큰돈을 벌지만, 주식이 떨어지는 경우 대출의 담보가치가 줄었으므로 그만큼 대출을 상환해야 한다. 그리고 기간 내 상환하지 못하면 파산한다. 결국 불안정한 담보로 대출을 받으면 파산하는 것이다. 부채는 자신이 가진 가장 안정된 담보를 기반으로 사용해야 한다.

둘째, 두 종류의 부채를 자산 하나에 함께 쓰는 경우

이 경우는 은행 대출과 타인의 돈(임대보증금)을 함께 쓰는 것이다. 담보물 하나에서 두 종류의 부채를 함께 쓸 때는 아주 많이 조심해야 한다. 결국 둘 다 언젠가는 돌려줘야 하는 돈이기 때문이다.

지인에게 레버리지로 부동산 투자하는 법을 가르쳐줬더니, 대출도 받고 전세보증금도 받겠다고 생각하더라. 이 생각 자체가 끝도 없이 레버리지를 사용하고 싶은 욕심이다.

하나의 담보에서는 하나의 부채만 사용해야 한다. 지금은 금융 시스템이 잘 연결되어 여러 종류의 부채를 사용할 수 없게 되어 있어, 하고 싶어도 못 한다. 그러나 경기가 나쁘면 경기부양을 위해 이런 규제 장치도 사라진다. 이때는 2~3가지의 부채를 모두 사용하는 상황도 생긴다. 따라서 부채의 유의 사항을 잘 이해하고 있어야 한다.

셋째, 부채 유지 능력을 벗어나는 경우

부채는 규모가 중요한 게 아니다. 본질은 부채를 유지하는 능력이다. 쉽게 말해, 대출 원리금 상환 능력이 자신의 고정 소득을 벗어나면 언젠가는 그 자산을 처분당하는 날이 반드시 찾아온다. 매매든, 경매든 어쨌건 처분할 수밖에 없는 상황이 온다.

부채의 담보가 불안정하거나, 두 가지 부채를 함께 사용하는 것과 부채 유지 능력을 벗어나는 경우가 아니라면 적극적으로 부채를 활용해야 한다. '불'을 잘 사용하면 따뜻한 음식을 먹을 수 있듯이, 우리의 자산을 빠른 속도로 성장시킬 수 있다.

수익률보다 규모를 키워야 한다

A씨는 1억 원의 아파트를 매수했고 그곳에 자신이 실제 거주했다. B씨는 전세 세입자가 보증금 1억 원에 임대 중인 아파트를 2억 원에 샀다. A와 B씨는 모두 자신의 돈 1억 원으로 부동산을 구매했다.

시간이 지나 부동산 시장 전체 평균이 100% 올랐다. A와 B씨가 보유한 아파트 시세 모두 100% 올랐다. 이렇게 A씨는 1억 원이 올랐고, B씨는 2억이 올랐다. 어떤 방식을 선택하냐에 따라 실제 우리가 버는 돈은 완전히 달라진다. A와 B씨 모두 수익률은 같지만, 수중에 들어오는 돈은 2배

차이가 난다.

A씨 수익률 100% = 수익금 1억 원

B씨 수익률 100% = 수익금 2억 원

수익률이 같음에도 불구하고 B씨가 실제 돈을 두 배나 더 많이 번 이유는 전세보증금 레버리지를 이용하여 자산의 규모를 더 크게 했기 때문이다. B씨는 자신이 거주하지 않았다. 월급으로 월세를 살고 자산의 규모를 키우는 선택을 했기 때문이다.

앞장에서 설명한 복리 공식에서 레버리지는 원금을 늘리는 방법이라는 것을 기억하는가? 자산의 규모를 늘려주는 좋은 수단이기 때문이다. 이렇게 레버리지로 원금 또는 자산을 불리는 방식을 사용할 때, 군인의 혜택은 너무 매력적이다. 거의 무료 수준으로 군인아파트가 지원되기 때문이다. 조금 허름하면 어떠냐! 내 자산은 더 커지고 있지 않은가?

대출은 갚지 않아도 된다

화폐 가치는 영원히 하락한다. 계속 강조한 부분이다. 그래서 대출을 평생 이용해야 한다. 어떤 이는 평생 빚 갚고 산다는 절망감에 빠져있기도 하지만, 빚은 평생 갚지 않아도 된다.

실제 내가 보유한 빌라의 재개발 구역은 이웃 주민들의 반대가 극심했다. 이유는 단 한 가지다. 내 집이 비싼 아파트로 개발되면 평생 빚 갚고 살아야 한다는 두려움 때문이었다. 자신이 보유한 지분으로 더 큰 자본

소득을 얻을 기회 보다 대출의 두려움이 앞섰기 때문이다. 그 주민들도 이해는 된다. 나도 그랬으니까…. 다만 지금은 재개발을 반대하는 주민들이 그 기회를 얻었으면 한다.

대출은 평생 갚는 게 아니다. 오히려 평생 이용해야 한다. 대출을 평생 이용해야 하는 이유를 예를 들어보자.

대출로 현금을 빌리고 시간이 지나면 미래의 현금 가치는 떨어진다.

빌릴 때 = 현재 가치 10억 원

갚을 때 = 미래 가치 5억 원

10억 원의 가치를 빌려서, 수십 년 뒤 5억 원의 가치로 갚는 게 대출의 본질이다. 어떻게 10억 원을 빌려서 절반만 갚냐고? 믿기지 않겠지만, 이 행위를 가장 잘하는 것이 '국가'다.

국가는 채권을 발행한다. 국가라는 신용을 채권으로 만들어서 사람들에게 팔아 돈을 빌린다. 5년물 채권, 10년물 채권 등 이런 상품을 말한다. 10% 수익률을 가진 30년물 채권 하나가 10억 원이라면, 국가는 '30년 뒤에 갚을게요. 이자는 10% 드리겠습니다.'라고 하는 의미가 있다. 30년 뒤 10억 원의 가치는 2.4억 원이 된다. 국가는 10억 원을 국민에게 빌려 2.4억 원으로 되갚는 것이다.

우리는 평생 대출을 갚을 필요가 없다. 아니 갚지 말아야 한다. 영원히 화폐 가치가 떨어지기 때문이다. 그저 대출을 사용하는 동안 이용료만 잘 내면 된다.

대출을 정말 갚고 싶다면, 미래 화폐 가치가 떨어졌을 때 그때 갚으면 된다. 그 시간 동안 잘 사용한 부채는 레버리지 효과를 크게 만들어 낼 것이다. 그렇게 일정 수준의 부가 축적되면 대출의 필요성을 못 느끼는 시점이 온다. 그때까지는 레버리지를 잘 이용하는 것이 좋다.

대출이자는 타임머신 이용 요금이다

현재 기술로는 시간여행이 불가능하다. 소득이 연 1억 원이라면 10년 뒤에는 10억 원이 모여 있을 것이다. 시간여행이 가능하다면 미래의 10억 원을 가져와서 사용하면 어떨까? 이것을 가능하게 해주는 것은 대출밖에 없다. 은행은 타임머신 같은 존재다. 대출이자 연 5%가 매우 높다고 생각하지만, 타임머신 이용 요금이라고 생각하면 그리 비싸지는 않다고 생각한다.

단, 여기서 중요한 유의 사항이 있다. 미래 소득을 가져왔으면 그 미래까지 가치가 최소한 보존될 수 있는 자산으로 교환해야 한다. 인플레이션율과 실질이자율 같은 복잡한 계산을 해봐야 결과는 뻔하다. 대출은 자산을 취득하는 데 사용해야 한다.

대출해서 몇 년 뒤 소모되어 사라지는 존재들로 교환하면 절대 안 된다. 아예 없이 살 순 없겠지만, 적어도 대출로 소비재를 사면 안 된다는 것이다. 생활비가 필요해서 아무런 투자자산 없이 대출로 그 돈을 소비하는 것은 망하는 지름길이다.

문제는 현금흐름 통제력

레버리지를 대출로 이용하고 있거나 세입자의 보증금으로 유지하고 있는 것은 부채에 해당한다. 부채는 언젠가 돌려줘야 하는 자본이므로 자신의 현금흐름 범위 안에 있어야 한다. 부채가 그 범위를 벗어난다면 자산은 강제 처분당하게 된다. 즉, 자산을 뺏긴다는 뜻이다.

미래 소득에 대한 예측과 대출 금리의 상승 폭, 전세보증금의 하락 폭을 항상 준비해 두어야 한다. 따라서 대출을 사용할 때는 되도록 고정금리를 선택하길 바란다. 금리가 높은 것보다 내 현금흐름 안에서 대출 상환 금액이 예측되도록 만들어 놓는 것이 더 중요하기 때문이다.

보통은 대출을 수억 원씩 받으면 겁내는 경우가 많다. 그 공포의 실체를 계산해 보지도 않고서 출처 모를 이야기를 듣고 무서워한다. 현금흐름을 계산하고 시장의 상하 변동 폭을 반영한다면 두려워할 필요가 없다.

지금까지 만나본 직업군인들은 이러한 현금흐름 통제력을 가지고 있지 않았다. 즉, 현금흐름 통제력부터 익혀야 한다. 그러면 막연한 공포심도 없어질 것이다. 현금흐름 통제력은 뒤에서 자세히 설명하겠다.

영끌은 현명한 선택이다

2021년까지 근 7~8년간 부동산 상승장에서 영혼까지 자신의 자금 능력을 끌어와 아파트를 산 사람들이 있다. 뉴스에서는 그들을 '영끌족'이라며 비아냥거리는 기사가 많이 나왔다. 동시에 집값과 주식이 너무 올라 아무것도 투자하지 않은 사람은 벼락 거지라며 한탄하기도 했다.

2022년부터 금리가 폭등하며, 월 2%의 이자를 상환하던 사람들이 6~8%까지 이자를 내게 되면서 영끌족은 망했다는 뉴스 기사와 유튜브 콘텐츠도 나왔다. 반면 벼락 거지라고 한탄한 사람은 그 자산시장의 폭락을 보며 위안으로 삼기도 했을 것이다.

하지만, 영끌은 아주 현명한 선택이다. 대출이라는 레버리지를 활용해서 시간을 샀기 때문이다. 시간이란 이 세상 무엇과도 교환되지 않는 절대 가치를 가지고 있다. 영끌족은 시간을 사서 공간을 소유하는 행위를 했기에 나는 아주 잘한 행동이라고 생각한다.

사실 아파트 한 채 사려고 하면 대출 없이 살 수 있는 사람이 얼마나 될까? 영끌족이라고 비아냥거린 사람 중에 아파트를 몇억씩 현찰로 사는 사람들이 얼마나 될지 모르겠다.

사람들은 자기가 원하는 돈을 완성할 수 있다고 착각한다. 그렇게 돈을 완성해 내 집 마련이 가능할 거라고 믿는 사람도 있는 것 같다. 그걸 성공한 사람이 없음에도 불구하고 할 수 있다고 착각한다. 영끌은 어쩔 수 없는 선택이다. 영끌은 레버리지를 활용한 현명한 선택이다.

다만, 아쉬운 점은 레버리지 비용의 변동성(금리의 인상과 인하)을 생각하지 못 한 점이다. 영끌족은 정말 견디기 힘들었을 것이다. 이것을 안다면 조금 비싸더라도 평생 고정금리를 이용해야 한다. 특히, 저금리 시대에는 무조건 고정금리를 이용하여 금리의 인상 변동성에 대비해야 한다.

2024년 지금은 레버리지 비용이 가장 비싼 시기다. 금리는 정점을 찍

었고 앞으로 내려갈 일밖에 남지 않았다. 대출이자에 허덕이거나 부채를 유지할 수 없는 리스크가 완전히 제거된 상태다. 대출로 최대한의 레버리지를 일으켜야 하는 시기는 사실 2023년에 종료되었다.

즉, 금리가 높을 때, 최대한의 레버리지로 자산을 취득해야 한다. 이때의 금리는 변동금리로 향후 낮아질 금리 혜택을 누려야 한다. 반대로 금리가 낮을 때는 평생 고정금리로 향후 높아질 금리를 방어해야 한다. 따라서 금리를 고정하거나 향후 낮아지게 세팅한 상태에서 대출을 이용하게 된다면, 위험은 완전한 제로가 된다.

9

개념정리_3
적당히 좀 해! 보험

다시는 남에게 돈을 맡기지 않겠다

매달 내는 보험료는 합리적이라고 생각하는가?

나는 25살에 장교로 임관하고 첫 발령을 강원도 철원으로 받았다. 돈 모으기 참 좋은 곳이었다. 아무것도 없는 그런 곳, 주어진 임무를 열심히 수행하기 좋은 곳이었다.

어느 날 부대 내 숙소에 보험 영업원이 찾아왔다. 이 부대에서 근무하고 전역한 장교라고 했다. 지금은 ○○보험사에 취업했다며 내게 자산관리를 해주겠다고 했다. 친근하게 제로금리 시대에, 은행에 돈을 넣어봐야 손해라고 설명했다. 맞는 말이었다. 그땐 아무것도 모를 때니까 마치 엄청난 경제 공부를 하는 느낌이었다. 단지 저금리와 물가 상승률 정도 이야기했는데 말이다. 그리고 그 선배는 월 80만 원짜리 변액보험 가입을 권

했다. 당시 내 월급은 140만 원이었다.

"이거 안 하는 사람은 전부 거지 되는 거야!!"

그 보험 영업원 선배는 확신에 차 있었다. 10년 뒤에는 비과세 혜택도 있고, 월 80만 원 정도는 강제 저축을 해야 돈을 아끼기도 한다는 생각에 가입했다. 그리고 변액보험은 수시로 투자 섹터 비율을 조절할 수도 있었다. 뭣도 모르던 시절에 뉴스를 보면서 채권에서 주식으로, 주식에서 채권으로 비율을 조절했다. 마치 금융에 대해 무언가 아는 것처럼 느껴졌었다.

그런데 몇 년이 지나도 해약환급금은 -20% 수준에 머물러 있었다. 분명 그 보험 영업원 선배가 보여준 수익률표를 보면 지금쯤 적어도 플러스 20% 정도는 되어 있어야 했다.

알고 보니 변액보험은 가입자가 매월 납입하는 돈에서 사업비 명목으로 10% 정도를 빼고 투자하는 것이었다. 즉, 수익도 없는데 내 돈을 보험사에서 먼저 사업비 명목으로 빼고 투자 운영하는 것이다. 어처구니가 없었다. '내 돈을 10%나 당신들이 먼저 먹고, 남은 돈만 투자했다고?' 그리고 수익률도 좋지 않았다. 바로 이런 게 변액보험이었다.

가입 시 보험 영업원이 제시했던 자료 중의 10년 납입 시 수익률 ○○%, 20년 납입 시 수익률 ○○%'라고 계산표를 보여줬는데, 그게 진짜인 줄 알았다. 화가 나서 보험사 콜센터 상담원에게 전화했다.

"지금 주식시장이 엄청나게 올랐는데, 내 해약환급금은 왜 마이너스죠?"

"고객님! 그러니깐 떨어졌을 때 더 많이 넣으셨어야죠."

전화를 끊고 나서 욕 밖에 나오지 않았다. 보험사 상담원 때문이 아니라 멍청한 나 자신 때문이었다. 아무튼 해약환급금 -25%로 돈을 다 뺏다. 그리고 다시는 남한테 돈 안 맡기겠다고 다짐했다. 절대로! 절대로! 절대로!

나와 같은 경험이 있는가? 아직도 연금보험, 변액보험에 들어있는 돈이 잘 커가고 있다고 생각하는가? 10년 뒤 내 생활을 윤택하게 해줄 것이라고 믿고 있는가? 그렇다면 직접 확인해 보시라. 내 말이 맞는지 틀리는지….

투자는 직접 해야 한다. 세상이 정말 좋아져서 개인이 직접 할 수 있다. 다른 사람에게 돈을 맡기는 순간 우리 돈은 그 사람에게 레버리지 당하는 것이다.

보험의 필요성부터 다시 생각

지금부터 보험에 대해 꽤 길게 이야기할 것이다. 내가 가장 후회되는 분야이기 때문이다. 손실을 봐도 경험이나 실력, 통찰력 그런 게 쌓여야 하는데 보험 상품은 전혀 그렇지 않다.

지인이 갑상선암 진단을 받고 보험금 1,000만 원을 받았다고 좋아했다. 사실 그 이야기를 듣고 부러웠다. 내 보험도 암이 보장되어 있나? 살펴보니 내 보험에는 그 특약이 빠져있거나 보험금이 아주 작았다. 나는 월 5만 원짜리 암보험을 추가로 다시 가입했었다.

현재 내 상황으로는 1,000만 원이면 이틀 뒤 즉각 꺼내 쓸 수 있다. 그로 인해 내 자산이 손해를 보거나 가족들의 생활에 아무런 영향을 주지 않는 수준에서 말이다.

매달 수십 년 납입하는 돈으로 1,000만 원 정도는 쉽게 만들 수 있는데 그걸 모르니 보험금 1,000만 원이 더 좋다고 느껴지는 건 당연한 것 같다. 보험사에서 여러분에게 보험금 1,000만 원을 지급했다는 것은 그만한 가치의 보험료와 시간이 들어갔음을 의미한다. 여러분이 보험사에 준 돈과 시간으로 만들어 낸 가치가 1,000만 원이기 때문에 그만큼 지급된 것이다. 오히려 제공한 가치보다 더 적게 돌려받아야 보험사가 먹고 살지 않겠는가?

보험은 크게 다음 세 가지로 설명할 수 있다.

생명보험은 종신형 보험이라고도 해서 자신이 죽거나 질병, 상해가 발생하면 보험금을 한꺼번에 지급하는 형식이다. 실손보험은 보통 의료 실비 보험이라 부르며, 실제 청구된 치료비에서 일부를 제외하고 보험금을 지급하는 형식이다. 저축형 보험은 변액보험, 연금보험과 같이 투자성향이 있는 상품이다.

예전에 종신형 생명보험에 가입한 적이 있었다. 2006년에 가입해서 매월 7만 원씩 18년째 납입했다. 지금 만기는 2년 남았고, 납입 금액은 1,400만 원이다. 신체의 80%를 사용하지 못하는 후유장애가 생겼을 때 1억 2,500만 원을 받는다. 받을 확률이 거의 없을 것 같다. 질병이나 상해로 사망했을 때는 5천만 원을 받는다. 이외에도 골절 30만 원, 수술 300만 원, 입원비 매일 8만 원이다. 약 20년 전에 들었으니, 보험료가 아주 싼 편이었다.

이것 말고도 나는 실손보험이 있다. 사실 온 가족이 하나씩 가입되어 있다. 한 달에 보험료만 4인 가족 총 50만 원 정도 나간다. 어릴 때는 이 보험을 무조건 들어야 하는 줄 알았다. 하지만 돈이 어떠한 방식으로 움직이는지 깨닫고는 보험에 대해 참 무지했다는 생각을 지울 수가 없다. 납입 기한이 얼마 남지 않아 그냥 놔둘 뿐, 불과 5~10년이 지났다면 해지했을 것 같다.

특히, 군인은 '군인단체 실손보험'이라는 것이 있다. 선택에 따라 가입하지 않아도 되지만 복지 포인트로 자동 가입이 되니 공짜나 다름없는 보험이다. 이걸 알고도 보험을 추가로 들다니 지금은 정말 후회한다.

보험에 들어간 내 돈!! 너무 아깝다. 그래서 보험금을 담보로 80% 가까이 대출을 받아 주식에 투자해 두었다. 물론, 24년 9월 시점 기준으로 15년 넘게 납입한 보험료의 2배 이상 수익이 나는 중이다.

보험금 대신 현금을 준비하자

보험은 왜 가입하는 걸까? 보통 예상치 못한 큰돈이 들어갈 상황에 대비해서 평상시 적은 돈으로 꾸준히 대비하려는 것이다. 그렇다면 꾸준히 적금으로 모으면 되지 않을까? 나는 아무리 생각해도 보험에 가입하는 것보다 그 시간 동안 현금을 만들어 놓는 게 좋을 것 같다.

18년 전 가입한 생명보험은 가족 중에 나만 가입했다. 내가 사망했을 때 가족에게 생활비로 목돈을 주기 위해서였다. 결혼도 하지 않은, 하물며 여자친구도 없었던 시절에 나름 미래를 생각한다며 했던 결정이었다. 2006년 당시에는 보험금 5천만 원이 엄청 큰돈이라고 느꼈다. 내가 이 세상에 없어도 가족들이 1~2년은 살 수 있는 돈이라고 생각했었다. 이 생각도 보험영업원에게 들은 이야기였다.

18년이 지난 지금, 5천만 원은 현재 수입의 1년 치도 안 되는 돈이다. 이렇게 돈의 가치는 시간이 지날수록 떨어진다. 생명보험은 가입할 필요가 없다고 생각한다. 내가 사망하면 가족들에게 자산을 물려주는 것이 훨씬 좋은 판단이기 때문이다.(참고로 돈 많은 사람들 사이에서 생명보험은 상속의 수단으로 사용되기도 한다. 상속세 내는 것보다, 사망보험금을 자식에게 물려주는 것이 세금적으로 유리하기 때문이다.)

보험에 정말 가입해야 한다면 실손보험 정도는 괜찮다고 생각한다. 예상할 수 없는 사고가 발생했을 때 복리 효과에 맡긴 작은 자산들을 지킬 수 있기 때문이다.

군인은 국방부에서 지원하는 군인단체 실손보험이 있다. 군인단체 실손보험은 가족들 모두 적용할 수 있어서 꽤 좋은 보험이다. 내가 납입하는 온 가족의 한 달 의료실손보험료는 50만 원 가까이 된다. 10년 동안 납입한 돈은 모두 5천만 원 정도다. 복지 포인트로 가입되는 군인단체 실손보험이면 될 것을 쓸데없이 돈을 흘려보냈다.

따라서, 군 복무하는 동안 군인 단체보험 외 보험은 필요 없다. 실손보험이 보통 20년 납입이므로 군 복무 장기자원이라면 40대 중반까지는 실손보험이 없어도 된다. 그렇다면 전역 후 어떻게 해야 할까? 보험이 없으면 위험한 것 아니냐고 생각할 수도 있을 것이다.

사람의 생애주기에서 가장 병원비가 많이 들어가는 순간에 돈이 얼마나 필요한지 국민건강보험공단에서 연구한 자료가 있다. 통계는 사망 직전 투병한 기간과 진료비에 대한 자료이며, 65세 이상의 사망 전 진료비를 요약하면 다음과 같다.

- 6개월 투병할 경우, 총 960만 원
- 3개월 투병할 경우, 총 720만 원
- 1개월 투병할 경우, 총 370만 원

병원비가 가장 많이 필요한 순간에 1천만 원 정도 든다는 통계적 결론에 이를 수 있다. 여기에 추가로 화폐 가치 하락과 보수적으로 대비하기 위해 3배 수준인 3천만 원 정도 병원비를 현금으로 가지고 있다면 큰 문제가 될 것은 없다.

결국, 보험은 군 단체보험이 있어서 그다지 필요 없지만, 전역 이후 만약의 상황을 위해 병원비는 3천만 원 정도 현금으로 들고 있어야 한다는 결론에 도달했다.

평생 나만의 보험을 만드는 방법

보험사의 보험에 가입하는 대신 나만의 보험을 만들면 된다. 보험사에 돈을 주며 준비하는 것보다 직접 준비하는 것이 더 활용성이 좋다. 보험사는 결국 우리가 필요로 할 때 정해진 약정에 따라 현금을 주는 곳이다. 따라서, 나만의 보험 계좌에 병원비를 20년 동안 준비하면 된다.

나는 가입한 생명보험과 실손보험료로 한 달에 14만 원 납부한다. 10만 원으로 가정하고 20년간 적금이나 미국 S&P500 ETF를 매달 적립식으로 매수했다면 어떻게 되었을까?

	적금	미국 주식 ETF
연 평균 수익률	3.5%	13%
20년 뒤 총수익 세전)	3,243만 원	5,533만 원

▲ 월 14만 원을 20년간 적립할 때 최종 금액

3.5% 이자의 적금에 가입하면 3,200만 원가량의 현금이 생기며, 미국 S&P500 ETF의 수익률 13%는 5,533만 원의 현금을 만들 수 있다. 20년 만에 사실상 평생 병원비를 모두 마련하는 셈이다. 그리고 병원비가 필요할 때까지 군인공제회 목돈 수탁에 맡겨두었다가 갑자기 필요할 경우 해지하거나 수탁 담보대출을 받아서 사용하면 된다.

물론, 보험으로 큰 도움을 받은 사람은 분명히 있다. 사람 일은 정말 모르는 거니까. 다만, 보험 영업사원 말을 듣고 너무 위기감이나 조급한 마음이 들 필요는 없다. 스스로 통계와 손익 계산을 찾아볼 줄 알아야 한다. 이 책을 보험사에서 볼까 부담되지만, 군인이 보험에 가입할 필요성을 계산해 볼 필요가 있음을 꼭 알리고 싶다.

보험료를 줄이면 고정지출이 줄어든다. 고정지출이 줄어들면 복리 공식에서 원금을 더 늘릴 수 있다. 잉여 현금을 더 많이 만들어 보다 많은 자산에 구매력을 저장할 수 있다. 보험에 반드시 가입해야 한다는 고정관념을 깨야 한다. 나는 제대로 계산해 보지 않고 보험에 가입했던 어린 시절을 지금도 가장 후회한다.

10

개념정리_ 4

현금흐름 통제력

"이번 달 카드값이 왜 이러지?"

대부분 사람은 자신의 현금흐름을 정확히 모른다. 한 달에 얼마를 벌고, 얼마가 고정으로 나가고, 얼마나 쓰는지조차 모르는 사람이 많다. 자신의 수입과 고정지출을 '상수'로 고정한 상태에서 돈을 남겨야 복리 공식에서 '원금'을 늘릴 수 있다.

가장 중요한 것은 '월 잉여 현금을 인식하는 것'이다. 돈이 남아야 저축하든가 투자할 것 아닌가? 얼마나 남았는지 알아야 더 절약하든가 말든가 할 것 아닌가?

내가 부자가 될 상인가? 내 돈을 인식하라!

'내 돈에 대한 인식' 없이는 부자 되는 그릇을 절대 만들 수 없다. 나이가 들수록 소비의 범주는 더 커지고 다양해진다. 현금흐름을 인식할 수 있는 환경이 더 열악해지는 것이다.

근본적으로 복잡한 라이프스타일 속에서 노력한다고 저절로 인식되는 것은 아니다. 우리의 '인식'을 방해하는 것을 애초에 없애 버리고 '인식'을 쉽게 하도록 만들어야 한다. 그래서 신용카드를 없애야 한다. 체크카드도 될 수 있으면 하나만 유지해야 한다. 카드사에서 주는 할인과 마일리지, 포인트 혜택을 다 받아야 손해 보지 않는 느낌을 받겠지만, 그렇게 느끼도록 하는 것이 카드사의 전략이다. 그 혜택을 받고 싶다면 현금흐름 통제력은 포기해야 한다.

매달 벌어들이는 돈을 한군데 몰아넣고 어디로 얼마큼 빠져나가는지 인식하는 데 노력해야 한다. 매월 마지막 날을 기준으로 한 달 치 수입과 지출이 결산 되어야 하며, 이것을 갖추고 나서 할인 혜택을 받아야 한다. 자기 돈이 어떻게 들어오고 나가는지 모르는 상태에서 소비만 한다면 결국 카드 대금 납부일에 곤란한 상황이 오는 것이다.

시간을 들여 물건을 싸게 구매하거나 할인 혜택을 받는 것으로 성취감을 느끼는 사람이 있다. 자신이 노력해서 얻은 성과인 것처럼 말이다.

"대단하지? 3시간 동안 가격 비교하고 할인받아서 1만 원 싸게 샀어."

10만 원짜리 물건을 할인쿠폰 1만 원으로 최종 9만 원에 결제했다. 1만 원 아낀 셈이다. 1만 원 벌었다고 생각하겠지만, 내 관점에서는 그저 9만 원을 소비한 것이다. 그게 필요해서 구매했다고 생각하겠지만, 바보 같은 소리 하지 말라. 어쨌건 9만 원을 소비한 것이다. '할인받았다.' 이를 통해 '절약했다.' 이런 생각은 완전히 잘못되었다.

생산 활동보다 소비에서 성취를 찾으려고 하지 말라. 할인받았다는 성취감은 결국 소비일 뿐이다. 아끼고 살았는데 생활이 나아지지 않는 이유가 본질적으로 여기에 있다. 이 상황을 개선하려면 '잉여 현금에 대한 인식' 없이는 불가능에 가깝다. 가계부를 오랫동안 써도 부자 되지 않는 이유가 근본적으로 여기에 있다.

다음 표는 내가 매년 초 만드는 연간 현금흐름표 양식이다. 지난 1~2년의 평균과 다음 해 계획된 수입과 지출을 반영한다. 꽤 번거로운 작업이지만 한 번만 만들어 보면, 이후에는 방법을 알기 때문에 며칠 안에 완성할 수 있다.

일반 가계부와 핵심적인 차별점은 1년 치 예상 수입과 지출 그리고 매월 남겨지는 잉여 현금을 먼저 계산해 놓는 것이다. 그리고 매달 돈이 어디로 얼마나 빠졌는지 확인한다. 또한 각 항목의 비율을 따져 본다. 총소득에서 세금은 얼마를 내며, 보험료, 외식비, 저축은 몇 %로 배분이 되고 있는지, 잉여 현금은 얼마나 남기고 있는지 반드시 따져야 한다.

이 현금흐름표로 새해를 맞이해 보자. 주변 지인들에게 작성해 보라고 하면 너무 어렵다고 한다. 포기한 사람도 있지만 에리나 님(리치군인 카페 스탭)은 며칠간 전전긍긍하면서 완성한 다음 충격에 빠졌다고 했다.

지금까지 자신이 얼마를 벌고 쓰는지를 몰랐다고 했다. 불과 3개월 만에 그녀는 월 지출을 70%가량 줄이면서 서울 종로구의 아파트를 매수할

구분	유형	항목	주기	1월	2월…	월평균	연간 합계	비율 (총 소득 대비)
수입	근로	봉급	매월					%
수입	근로	정근 수당	1월, 7월					%
수입	근로	명절 수당	1월, 9월					%
지출	세금	소득/지방세	매월					%
지출	세금	건강보험료	매월					%
지출	세금	소득세 정산	3월					%
지출	저축	OO은행	매월					%
지출	보험	OO손해보험	매월					%
지출	생활 소비	외식	매월					%
지출	주거비	관리비	매월					%
지출	경조사	부모님 생신 등	2월, 5월, 7월, 9월					%
지출	교통비	유류비	매월					%
		수입 합계						%
		지출 합계						%
		잉여 현금						%

▲ 리치비의 연간 현금흐름표 예시

수 있는 현금흐름을 확보하게 되었고, '24년 1월 종로구 32평형 아파트의 등기권리증 주인이 되었다.

소득이 늘거나 줄지 않았음에도 현재 현금흐름을 인식하고 개선하면 자산에 투자할 기회를 충분히 만들 수 있다.(계산식이 포함된 현금흐름표 파일은 '리치군인' 카페 공지 사항에서 다운로드 할 수 있다.)

통상 가계부는 돈을 쓰고 난 다음에 작성한다. 이미 돈을 써 버렸기 때문에 가계부는 별 의미가 없다. 이미 다 써 버린 돈을 보고, 다음 달에는 아끼겠다는 다짐만 할 뿐이다. 알다시피 인간은 작심삼일을 반복한다.

먼저 돈은 쓰기 전에 어떻게 쓸지를 구상해야 한다. 현금흐름표는 그런 의미에서 돈이 효율적으로 움직이게 만든다. 현금흐름표를 바탕으로 고정지출을 자동화시키고 잉여 현금을 누적하는 시스템을 잘 갖추면 가계부를 쓰지 않아도 현금흐름을 통제할 수 있고, 돈이 불어나는 경험을 누릴 수 있다. 이를 위해 다음 3가지 원칙을 지켜야 한다. 하나씩 설명하겠다.

제1원칙 : 강제 저축

원금을 늘리는 가장 쉽고 확실한 방법은 저축이다. 여기서 말하는 저축은 은행에 적금하는 것만을 뜻하지 않는다. 내가 벌어들인 돈의 구매력을 저장하라는 뜻이다. 진정한 복리 효과를 누릴 수 있는 곳에 구매력을 저장해야 한다.

현재 경제적 풍요를 느끼지 못한다면 반드시 40% 이상은 저축해서 원금을 늘리는 데 집중해야 한다. 40% 이상 저축하기 위해서는 상당한 절제력이 필요하다. 그래서 애초부터 월급의 40%는 저축을 하고 나머지 돈으로 생활해야 한다.

소소하지만 확실한 행복 같은 소리 하지 말라. 저축하지 않고 소비하는 자신을 합리화하기 위한 변명이다. 지금 소소한 행복을 누린다면, 나중에 큰 행복은 누릴 수 없다. 돈 때문에 쩔쩔매는 상황이 반드시 온다.

현금흐름 통제력의 기본은 '강제 저축'으로 시작한다. 모은 돈이 없으면 복리도 없다. 원금이 있어야 이자도 생길 것 아닌가. 월급 쓸 거 다 쓰고 저축할 수는 없다. 지금의 100만 원이 언젠가의 1,000만 원이라는 생각을 하면 소비 욕구를 가라앉히는 데 도움이 된다.

보통은 사회 초년생이 어느 정도 돈을 모으면, 자동차를 살 생각부터 한다. 아마도 일생 중 처음으로 목돈을 사용 것이 자동차 구매일 것이다. 자동차는 구매력을 저장하는 곳이 아니다. 이 세상에서 10대밖에 없는 슈퍼카를 산다면 말은 다르겠지만, 자동차에 수백에서 수천만 원을 사용하지 말길 바란다. 복리 효과가 슬슬 나타나려 할 때 그 불씨에 물을 끼얹는 것과 같은 행동이다.

군인은 저축하기 너무 좋은 직업이다. 조금만 아껴 쓰면, 월급의 70%는 저축할 수 있다. 불가능하다고 생각하겠지만 그렇게 했던 초급장교를 몇몇 보았다. 불편하지만 버스를 이용하며, 하루 끼니도 남들 맛없다고 하는 부대 식당을 이용했다.

월급의 40%도 저축하지 못한다면 부자는 될 수 없다. 강제 저축 40%의 기준은 실수령액 기준이 아닌 세전 월급 기준이다. 세금이나 기여금, 보험료 등이 공제되기 전에 40%를 먼저 저축해야 한다. 월급에서 빠져나가는 어떤 돈보다도 저축이 최우선이어야 한다.

제2원칙 : 현금흐름 자동화

1년 치 현금흐름표를 작성했다면 이제 시스템을 갖출 차례다. 계좌는 4개 정도로 만든다. 계좌를 구분하면 일일이 가계부에 기록할 필요가 없다. 또 이미 계산된 지출을 하고 있기 때문에 계좌의 잔액만 수시로 확인하면 된다. 가계부에 쓰는 것보다 훨씬 간단하지 않은가?

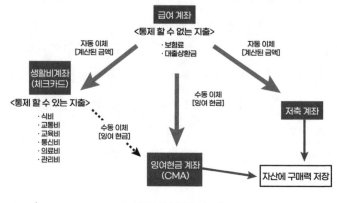

▲ 현금흐름 자동화 시스템

위 그림에는 4개의 계좌가 있다. 화살표의 흐름을 보면 최종적으로 '자산에 구매력 저장'으로 모두 흐르고 있다. 자산에 저장되기 전에는 '잉여현금'과 '저축' 계좌에 돈이 모이는 구조로 짜여 있다.

매월 급여를 받으면, 돈은 먼저 강제 '저축 계좌'로 이동한다. 자동 이체하면 된다. 이후 통제할 수 없는 지출(보험료, 대출 상환금 등)을 '급여 계좌'에 남기고, 계산된 생활비를 '생활비 계좌'로 보낸다. 급여 계좌에서 남은 돈은 모두 '잉여 현금 계좌(CMA)'로 보낸다. 참고로 CMA 계좌는 증권사에서 발급받을 수 있으며, 일일 단위로 이자를 지급하기 때문에 돈을 짧게 보관하기 좋다.(파킹 통장도 마찬가지다.)

월급에서 가장 먼저 '강제 저축'을 했고, 고정지출과 생활비 지출 예상 금액을 제외한 돈은 '잉여 현금 계좌(CMA)'로 이동시켰다. 이 모든 과정은 되도록 급여일 당일에 완료되면 가장 좋다. 한 달에 딱 하루만 돈에 대해 신경 쓰면 되니까 말이다.

가계부를 쓸 필요도 없다. 내 돈은 현금흐름표대로 흘러가고 있으니 말이다. 다만, 이렇게 바꾸기까지 2~3개월 정도는 걸린다. 다음 연도를 준비한다면 최소 11월부터는 준비해야 한다. 이때는 대부분 신용카드를 없애는 데 시간이 걸린다. 당장 다음 달 결제할 돈이 넉넉지 않기 때문이다. 그래도 끊어야 한다.

할인 혜택보다 더 중요한 것은 자신의 현금흐름을 인식하는 것, 잉여 현금을 주기적으로 인식하는 것이다. 현금흐름 자동화라는 원칙은 잉여 현금을 쉽게 인식하게 하는 것에 있다. 신용카드를 없애지 않으면 현금흐름을 자동화시킬 수 없다. 신용카드는 우리의 돈을 인식하지 못하게 하기 때문이다.

제3원칙 : 잉여 현금의 누적

이제 생활비 계좌에서 만든 체크카드로 생활하면서, 월말까지 최대한 많은 돈을 남기는 데 노력하면 된다. 모든 소비는 체크카드 한 개로 사용한다.

월급으로 옷을 사든, 여행을 가든, 외식하든 무슨 상관인가? 여러분의 최대 목적은 생활비 계좌에서 최대한 많은 돈을 남기는 것이다. 매번 체크카드를 사용하면, 잔액이 휴대전화 문자로 표시된다. 이 자체가 잉여 현금을 인식하는 것이다. 이 돈이 월말에 남는다면 잉여 현금 계좌로 옮겨, 투자하면 된다. 체크카드에서 잔액을 많이 남기는 것만 신경 쓰면 된다.

나는 가계부를 쓸 필요가 없다고 생각한다. 잉여 현금이 늘지 않으면 의미가 없기 때문이다. 다 쓴 돈을 확인만 하는 것이 무슨 의미가 있겠는 가? 절약한다고 돈이 모이는 것은 아니다. 돈이 모일 수밖에 없는 구조를 만들고, 그 속에서 돈이 새지 않고 제 갈 길을 찾아가게 해야 한다.

나는 이것을 현금흐름 통제력이라고 부른다. 이것은 기본기다. 절대 무시하지 말고, 수익률 좋은 투자만 생각하지 말라. 현금흐름 통제력 없이 는 절대 부자가 될 수 없다.

11

개념정리_ 5

주식 투자

주식 투자하면 관심 간부

2006년에 육군 모 장교가 주변의 직업군인들로부터 투자자금을 모아 주식 투자를 했다. 2005년에 큰 수익을 냈던 그 장교를 보고, 많은 군인이 돈을 그에게 맡겼다.

아마 2007년까지는 큰 수익을 보았을 것이다. 그 장교는 부대에 람보르기니를 타고 다녔고, 자신에게 1억 원을 투자하면 월 200만 원씩 주었다고 했다. 그리고 투자해 줘서 감사하다는 뜻으로 고급 자동차를 선물로 사주었다고 했다. 주변의 많은 동료가 그 장교에게 돈을 맡겼다.

내가 이 사실을 안 것이 2008년 여름 정도 된 것 같다. 친한 동기생 중한 명이 내게 같이 투자하자고 권유했다. 그는 친구 4명과 돈을 모아서 1억 5천만 원을 투자했고 매달 200만 원씩 받고 있다고 했다. 나는 그 동기생에게 "네 돈 1억 5천만 원에서 200만 원씩 빼주는 것 같다. 원금 돌려달라고 해봐라. 너 막차 타면 원금 회수 못 한다."라고 했다.

1주일 뒤 동기생은 투자했던 그 장교가 연락이 안 된다고 했고, 며칠 뒤에 그 장교는 구속되었다고 했다. 뉴스에도 나왔다. 군 장교가 400억 원대 금융투자사기를 쳤다고 군에서 난리가 났었다.

이전에도 그랬는지 모르겠지만, 내가 기억하기에 이때부터 군대에서 주식 투자한다는 소리가 들리면, 해당 군인은 관심 관리 대상이 되었다. 심할 때는 지휘관이나 주임원사가 급여통장을 종종 확인했던 시절도 있었다.

2002년부터 2007년까지 주식시장에 큰 상승장이 있었다. 주식뿐만 아니라 부동산도 그랬다. 사람들은 주변에 누가 주식으로 얼마를 벌었네, 아파트가 얼마나 올랐네 하면서 재테크 열풍이 불었다. 그러니 아무것도 하지 않는 자신만 거지 되는 것 같은 조급한 마음에 빨리 돈을 벌 수 있다는 현혹에 빠졌다. 이때 사람들은 열심히 모은 돈으로 주식을 샀고 2008년부터는 폭락하기 시작했다. 하루하루 주식 가격을 보면서 발만 동동 구르다가 더 떨어지기 전에 모두 처분하고 손실을 확정했다. 시장이 다시 회복되기 전에 손실을 결정한 사람들이 많았다.

주식에 대한 지식이 없으니 저런 상황이 발생한다. 군에서는 주식에 투자하면 곧 망할 수도 있어서 자살이나 음주 사고로 이어지는 것을 우려하는 경향이 강하다. 실제로 주식을 도박처럼 하는 군인들도 많다. 이것은 군인뿐만 아니라 일반인들도 마찬가지다.

<존리의 부자되기 습관>의 저자 존 리는, 가능한 한 빨리 장기투자 할 것을 강조했다. 그러면서 대한민국 국민의 금융 지식수준은 아주 낮다고

도 했다.

맞다. 너무 정확하다. 지금 군에는 올바르게 자산을 꾸려가는 방법을 가르치는 사람이 아무도 없다. 주식으로 돈을 잃은 사람이 많으니 무작정 하지 말라고 한다. 그러면서도 올바른 투자의 수단으로서 주식을 가르치는 곳은 어디에도 없다.

주식, 구매력 보존에 최고의 가성비

부동산은 우리 인생에서 꽤 큰 돈을 들여서 교환하는 물건이다. 이 때문에 구매력 보존이 좋아도, 부동산을 구매하는 데 꽤 많은 시간을 들여 돈을 모아야 한다. 그 시간 동안 내 돈의 구매력은 계속 떨어진다. 그래서 처음부터 부동산을 구매하는 건 정말 어려운 일이다.

반면, 주식은 그 자체로 덩어리가 작으므로 적은 돈으로도 충분히 살 수 있다. 그래서 조금씩 생기는 구매력을 언제든 주식으로 바꿔 보존할 수 있다.

주식을 미국에서는 STOCK, 영국에서는 SHARE라고 부른다. STOCK은 상품이나 저장품, SHARE는 배분이라는 뜻이 있다. 주식은 기업의 지분 또는 소유권을 공동으로 배분(SHARE)하는 증서이다. 그 증서에는 기업의 가치가 저장(STOCK)되어 있다.

기업은 사업을 통해 수익이 발생한다. 수익이 발생하지 않으면, 파산하여 기업 운영자가 그의 일생에 감당하지 못할 책임이 발생하기도 한다.

그래서 죽을힘을 다해 사업에 매진하고 수익을 창출한다. 이러한 기업들의 지분을 가지고 있다면, 가치가 성장하는 것은 시간문제일 것이다.

주식은 기업 지분 가치를 저장하고 있는 증서(증권)이다. 이 증서도 시장에서 거래되는 상품이다. 따라서 주식을 소유하고 있으면, 다음 3가지의 장점이 있다.

① 기업은 수익을 창출하면서 지속적인 성장을 목표로 한다. 투자자는 작은 돈으로 그 성장을 함께할 수 있다.

② 기업의 성장은 기업 가치의 상승을 뜻하므로, 지분 가치도 상승한다. 즉 기업의 주식 가격이 오르게 된다.

③ 주식도 하나의 상품이므로 인플레이션으로 인해 가격은 상승한다.

이런 상품을 구매하지 않을 이유가 있을까? 오히려 주식을 보유하지 않는 것이 잘못된 선택일 것이다.

보통의 사람은 주식이 매우 위험한 자산이라고 생각한다. 가격 자체가 오르고 내리는 폭이 크기 때문이다. 기업 가치가 하루에도 몇 %씩 오르내리기 때문이 아니라, 쉽게 거래할 수 있기 때문이다. 누구나 버튼 하나만 클릭하면 매수와 매도가 간단하게 이루어진다. 쉬운 거래는 시장 가격을 하루에도 몇 번씩 오르내리도록 한다. 이런 변동성을 보고 사람들은 위험하다고 하지만 장기적인 관점으로 바라본다면 그 변동성은 무시해야 한다.

우리 자녀들에게 증여한다는 생각으로 주식에 구매력을 저장해 두어야 한다. 단 그 투자한 주식의 기업이 우리 자녀들이 죽을 때까지 성장할 수 있다는 확신이 있을 때 그렇게 해야 한다. 그걸 못 찾겠다면 그저 미국의 S&P500 ETF를 사면 된다.

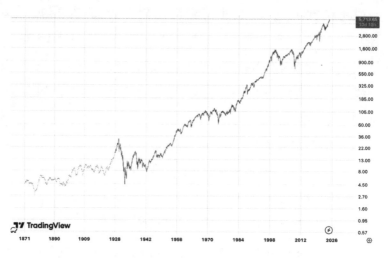

▲ S&P500 지수의 100년간 로그 차트 (트레이딩뷰)

위 사진은 100년 동안 미국을 대표하는 S&P500 지수의 로그 차트이다. 삐죽삐죽하지만 결국은 올라간다. 사람들은 하루, 한 주, 한 달, 1년의 세월 동안 오름과 내림 폭에 열광하고 절망하기를 반복한다. 하지만 시간의 폭을 길게 보면 결국 모든 시련을 겪고 오르게 된다.

주식이 도박인가요?

그렇다고 생각한다면, "워런 버핏도 주식을 도박처럼 하나요?"라는 질문에 대답해 보길 바란다.

주식시장은 이중적이다. 좋은 기업들의 성장과 함께 시장도 성장하지만, 초 단위, 분 단위로 이루어지는 도박판이기도 하다. 사람에 따라서는 미래 성장성이나 가치에 투자하는 자산이기도 하고, 싼 가격에 사서 비싸게 팔고자 하는 돈 따먹기 판이기도 하다.

주식의 본질은 도박이 아니다. 도박으로 생각하고 거래하는 사람이 주식을 도박으로 만든다. 도박처럼 주식에 투자하는 사람이 얼마나 많은지를 보려면 유튜브에 '급등주, 세력 매집' 등의 검색어를 입력하면 금방 알 수 있다. 완전히 도박으로 주식을 하는 사람들이다. 조회수가 수만 회에서 수십만 회에 이른다.

주식을 도박처럼 하는 사람들이란?

1. 그냥 재미로 하는 거야.
2. 뉴스에 이거 호재 있다고 하더라.
3. 주식? 이 돈 없다 치고 하는 거야.
4. 신용 거래, 선물 / 옵션거래 등 파생시장에서 거래하는 사람

1~3번은 자신이 투자하는 기업과 산업 업황에 관하여 스스로 공부한 바가 없는 유형이다. 유튜브나 애널리스트 자료를 보며 마치 공부한 것처럼 자기 위로한다. 주식을 왜 재미로 하는가? 돈 벌기 위해서 해야 한다. 즉 돈의 구매력을 저장하기 위해서 해야 한다. 제대로 투자해야지 '없어도 되는 돈'이라고 생각하지 말라.

4번 유형은 단기 차익거래를 목적으로 하는 전형적인 도박판 '파생시

장'에 참여하는 사람이다. 연예인의 주가조작 문제가 나온 뉴스를 본 적이 있는가? 선물, 옵션, 신용 거래로 주식을 도박으로 투자한 것이다. 이건 개인이 무조건 지는 판이다. 도박판에 타짜가 있듯, 합법적으로 파생시장에도 타짜가 존재한다. 규모가 큰 투자운용사, 헤지펀드사 같은 거대자금을 운용하는 곳이기 때문에 주식시장은 여러분의 생각과 바람대로 절대 움직이지 않는다.

그들은 훨씬 더 똑똑한 사람을 고용하고, 더 많은 정보력과 자본으로 여러분의 돈을 가져오기 위해 일한다. 그들의 목표는 단 한 가지다. 도박판에서 여러분의 돈을 가져오는 것이다.

주식은 도박이라고 생각하는 사람이 많다. 그러나 본질적으로 주식은 기업의 지분이다. 카지노 칩이 아니다. 기업이 성장하고 이익을 많이 내면 그 지분 가치와 가격은 상승한다. 주식시장에서 단기 투자자들 때문에 본연의 가치와는 다르게 가격이 오르내리기도 한다. 하지만 결국 본연의 가치를 수렴하게 되어 있다.

나는 가격 차트만 보고 거래하는 단기 투자자를 노름꾼이라 정의한다. 그들은 '오른다.' '내린다.' 하는 이 두 가지 선택을 확률에 맡긴다. 이 노름꾼들은 대박을 내기도 하지만 대부분 많은 돈을 잃는다. 심각한 경우, 이 세상에서 사람 자체가 사라지기도 한다.

단기 투자는 거래 횟수가 많아지고 기간이 길어질수록 50%의 승률에 수렴한다. 동전을 10번 던져 앞면이 8번 나왔다면 승률은 80%다. 그러나 1,000번을 던지면 확률은 50:50에 가까워진다. 동전을 천 번 던지는 것처럼 샀다 팔기를 반복하면 돈을 벌 확률은 그저 50%에 머물게 된다.

문제는 거래 수수료이다. 횟수가 많아지면 거래 수수료를 많이 낸다. 세금도 낸다. 결국 50%의 승률에서 수수료와 세금이 떨어져 나가 원금이 줄어드는 결과를 만든다. 그래서 단기 투자, 단기 매매는 반복될수록 손실이 늘어날 수밖에 없다.

주식을 시작하려고 하니 어떤 종목을 골라야 할지 모르는 경우가 대부분이다. 이런 경우에는 두 가지로 형태로 나눈다. 우량기업의 주식을 사거나 유튜브에 나오는 주식쟁이들 의견에 따라 급등주를 사는 경우이다. 우량주를 사면 그래도 다행이지만 유튜브에 나오는 급등주를 사는 경우는 최악 중의 최악이다. 제발 급등주에 투자하지 말라.

차트, 그래프를 보고 있으면 '이때 샀어야 하는데…'라는 생각을 누구나 하게 된다. 그리고 그런 차트를 보고 잠재의식이 학습된다. 급등주를 오르기 직전에 사서 내리기 전에 팔 수 있다면 엄청난 돈을 벌 수 있을 것으로 생각한다.

유튜브에서도 급등주 패턴을 찾아내는 방법을 검색하면 수많은 콘텐츠가 있다. 엘리어트 5파동 패턴, 쌍봉 패턴, 쌍바닥 패턴, 헤드앤쇼울더 패턴 등등 많은 기술적 분석론이 있다. "차트에 답이 있다."라고 주장하는 주식쟁이들이 과거 차트를 보며 그리는 그림은 기막히게 잘 맞는 것 같다.

인간의 뇌는 본능적으로 사후 편향적 사고를 하기에 이미 지난 일을 해석하는 것이 논리적이라고 믿는다. 그리고 그것을 바라보는 사람도 그것이 맞는다고 생각한다. 그러나 수많은 주식쟁이들이 차트에 그리는 그림 때문에 망했다는 사실을 명심하길 바란다.

누군가는 주식 차트의 기술적 분석은 현대판 점성술과 같다고 했다.

개기일식을 보고 대규모의 흉년과 기근이 온다는 근거 없는 말들이 불과 600년 이전에는 세상 사람 모두가 믿었던 것처럼 말이다.

차트의 기술적 분석을 믿고 투자하지 말아야 한다. 지나고 나면 알겠지만 기술적 분석이 맞는 경우보다 틀린 횟수가 훨씬 많다. 그래프에 선을 그어놓고 예상과 다르면 대응해야 한다고 말을 바꾼다. 결국, 손실을 확정하고 애써 모은 돈을 잃게 된다.

유튜브의 주식쟁이들이 급등주를 미리 알면 본인이나 할 것이지, 왜 유튜브 조회수를 올리려고 구독자를 모집할까? 여러분의 심리를 이용하여 거래에 동원하기 위해서다. 그쪽 세상 잘 모르면 급등주는 궁금해하지도 말라.

안타깝지만, 많은 사람이 주식 투자를 잘못 배워간다. 잘못 배운 방식으로 주식에 투자하다가 크게 손해를 보고, 다시는 주식에 투자하지 않겠다고 다짐한다. 자신이 주식을 잘못된 방법으로 하고 있다는 사실은 생각하지 못한 채로 말이다.

역사 속 세계 1등 투자자들은 단기적 수익을 바라지 않는다. 이미 거장들의 오랜 경험으로, 미국 종합주가지수에 투자하라고 한다. 그리고 수많은 등락 폭에 연연하지 말라고 한다. 이미 주식 투자에 성공하여 큰 부를 이룬 사람이 실존하는데, 왜 그 방법을 따르지 않는지 모르겠다.

주식으로 망해가는 스토리

1. 친구가 주식에 투자하는 모습을 봤다. 뭐하냐고 물어보니 오늘 아침에 10만 원 벌었다고 한다. 그 친구는 좀 전에 샀다 팔았다 했던 주식 종목에 대해 말해준다.

2. 나도 소액으로 매일 10만 원이 아니라 5만 원이라도 수익이 생길 수 있다면, 소소하게 주식을 하는 것이 좋겠다고 생각한다. 그래서 친구에게 괜찮은 종목 좀 알려달라고 한다. 이렇게 주식에 투자할 준비를 한다.

3. 친구가 알려준 종목을 샀더니 가격이 올라간다. 조금 샀는데 꽤 많이 올라간다. 더 많이 못 산 게 후회된다. 그래도 3만 원 정도 이득 봤다.

4. 유튜브에서 주식 채널을 둘러본다. '세력이 매집 중인 종목' 이라면서 지지선 / 패턴이 어쩌고, 거래량이 어쩌고, 호재가 어쩌고… 듣다 보니 호재가 있는 것 같아 돈을 넣고 기다리면 될 것 같다. 유튜브를 보고 더 많은 돈을 들여 주식을 매수한다.

5. 아무리 기다려도 계속 떨어지기만 한다. 손실이 벌써 30%가 넘어간다. 유튜브에 믿을 만한 주식쟁이가 있는지 계속 찾아본다. 또 지금 사놓은 주식 전망을 검색해서 스스로 자위도 한다.

6. 이런 과정이 업무시간에 일어나고 피 같은 돈이 걸려 있다 보니, 여가 시간에도 계속 주식 차트만 보고 있다.

7. 내가 차트 보는 지식이 없나 생각하고 '차트 보는 법' 을 공부한다. 유튜브에 "차트에 답이 있다."라는 말을 믿고 싶어진다. 그걸 믿어야 마음이 편해질 것 같기 때문이다.

주식 투자 종목은 이것 하나면 된다.

투자의 거장들 워런 버핏, 피터 린치, 벤저민 프랭클린, 벤저민 그레이엄 등은 장기적 투자를 선호한다. 책 <머니>의 저자 토니 로빈스는 수많은 부자와 인터뷰한 결과 강력한 투자 원칙 4가지를 이야기한다.

- 절대 돈을 잃지 않는다.
- 작은 위험으로 큰 수익을 낸다.
- 예상하고 분산한다.
- 끝이라고 말하지 않는다.

위 4가지 원칙을 이해한다면 어떤 주식에 투자해야 할지 기준이 생긴다. 그 기준은 다음 3가지로 제시할 수 있다.

첫째 기준은 꾸준히 우상향할 수밖에 없는 주식을 고르는 것이다. 이는 절대 돈을 잃지 않게 하고 위험성이 낮다.

둘째 기준은 한 기업을 선택하지 않고 다수의 기업을 선택하는 것이다. 이는 위험 분산 효과를 가지며, 성장에 따른 수익은 크게 가져갈 수 있다.

셋째 기준은 장기투자로 오랜 시간 주식을 보유하는 것이다.

기본적으로 주식은 자녀를 위해 준비하는 돈이라고 생각하면 좋다. 자식이 25년 뒤 결혼할 때쯤 아파트 사줄 자신이 없다면 자식을 위해 보험, 적금에 가입하지 말고 주식을 사두는 게 훨씬 좋은 선택이다.

자녀를 위해 주식 투자를 한다고 생각하면 앞으로 100년 정도는 꾸준히 성장할 기업을 찾게 될 것이다. 그러나 100년 동안 꾸준히 성장하는 기업을 찾기는 너무 어려운 일이다. 유명한 경제학자도, 이코노미스트, 애널리스트도 기업이 시장에서 퇴출당하는 것을 예상하지 못한다.

2018년 권위 있는 미국 경제 전문지 포브스에서 분석한 결과는 기업이 영원하지 않다는 것을 말해준다. 2007년 100대 기업에 이름을 올렸던 기업 중 59개가 10년 뒤 상위 100대 명단에서 사라졌다. 포브스 100대 기업 순위는 매년 기업 매출액, 수익, 자산, 시가총액 등을 토대로 합산한 '종합 성적표'이다.

100년 동안 성장할 기업의 주식을 매수해서 보유하는 것은 꽤나 어려운 일이다. 그걸 못 찾겠으면 그냥 미국의 종합주가지수 펀드에 투자하면 된다. 이 모든 원칙에 부합하는 것이 S&P500 ETF이다.

ETF(Exchanged Traded Fund)란 '상장 지수 펀드'라 불린다. 10개 이상의 기업을 묶은 주식이라는 뜻이며, 증권거래소에서 주식처럼 거래할 수 있는 금융상품이다. 미국에는 6,700여 개의 기업이 증권시장에 상장되어 있다. 쉽게 말해 주식 종목이 6,700여 개라는 뜻이다. 이 중 1등부터 500등까지 기업을 선정하여, 그 평균을 나타낸 것이 S&P500 지수다. 미국을 대표하는 종합주가지수(INDEX)로써 증권거래소에 등록된 기업의 주식 가격의 총평균을 뜻한다.

결국 주식 투자 종목은 하나로 귀결된다. 미국의 종합주가지수 ETF 즉, S&P500 또는 나스닥 ETF를 선택할 수밖에 없다.

나는 한국 주식보다는 미국 주식을 선호한다. 미국의 종합주가지수 말이다. 세계 경제는 미국이 이끌어가기 때문이다. 국력을 구성하는 군사력, 경제력, 외교력 등 모두 현재는 미국이 1등이기 때문이다.

대한민국 GDP는 약 2조 달러이며, 외환보유고는 4,200만 달러 규모다. 한편, 애플이나 마이크로소프트의 시가총액은 4조 달러가 넘는다. 미국 한 기업의 자본 규모가 우리나라 GDP의 두 배가 넘으며, 외환보유고의 9배에 달한다. 단 하나의 기업이 말이다. 우리나라 어떤 우량기업보다 심지어 대한민국 전체 자본 규모보다 미국의 한 기업이 더 높다.

S&P500 지수는 1957년에 출시되어 오랫동안 대표적인 주식시장 가치의 평가지표이다. 미국에 상장된 상위 500개 기업을 선정하여 그 기업의 총평균 주가를 나타낸다.

S&P500에 선정된 기업은 기본적으로 시가총액 180억 달러 이상이어야 한다. 즉, 원화로 약 24조 원이 넘어야 한다. 대한민국 기업으로 치면 'LG화학' 시가총액 수준이다. 미국은 500개 기업 이상이 24조 원이 넘지

산업 섹터	비중 (%)
커뮤니케이션 서비스	6.2
자유 소비재	11.6
필수 소비재	8.0
금융	13.6
헬스케어	14.0
산업 설비	9.4
정보기술	23.7
원자재	2.8
부동산	1.9
공산품	3.0

▲ S&P500에 포함된 기업의 산업 분야 비중 ('24. 4월)

만, 우리나라는 단 15개 기업만이 24조 원이 넘는다.

S&P500 기업의 시가총액은 40조 달러 이상이다. 우리나라 외환보유고보다 미국 기업 500개의 시가총액이 100배 더 크다. 이 지구에서 S&P500 보다 더 우량한 자산은 없다. 그리고 기업의 성적이 좋지 않으면 성적이 더 좋은 기업으로 교체하기 때문에 계속 건전하고 성장하는 기업들로 구성된다. 즉, 여러분이 생존해 있는 동안 망할 일이 없다는 것이다.

미래 유망한 산업 분야를 찾고 과거 아마존 같은 기업에 투자하기를 바란다면 수많은 공부와 데이터를 분석해야 한다. 한편, S&P500은 모든 산업 분야의 기업들이 포함되어 있다. 즉 공부할 필요가 없다. 투자에 시간과 에너지를 쏟지 않고 본업에서 열심히 일하면 된다.

'우리나라 사람더러 미국 기업에 투자하라는 소리냐?'라며 마치 한국 주식을 사지 않는 것이 애국에 반하는 것으로 생각할 수도 있을 것이다. 미국 주식으로 달러를 벌어 원화로 환전하면 대한민국 외환 보유고는 늘어난다. 돈을 많이 벌면 벌수록 세금도 많이 낸다. 모두 국가에 실질적으로 도움이 되는 일이다. 그러니 미국 주식에 투자하는 것은 국가 번영에 기여하는 일에 가깝다.

주식 종목 알아본다고 시간을 허비하지 않길 바란다. 그냥 S&P500 ETF나 나스닥 100 ETF를 사면 된다. 지난 100년 넘게 우상향했고, 앞으로 그럴 자산이다.

다음 그래프는 S&P500 지수가 전체 주식 종목과 채권보다 얼마나 수익률이 높은지를 보여준다. 3년 이상 보유했을 경우 모든 기간에서 훨씬 높은 수익률을 보여준다.

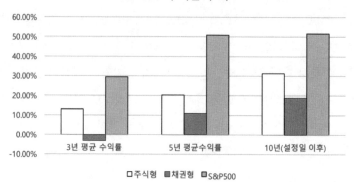

▲ S&P500과 주식형 ETF, 채권형 ETF 수익률 비교(제레미 시겔의 주식 장기 투자이론 검증, 오태수, 2016)

종합주가지수는 개별 주식이나 채권보다 중장기적으로 더 큰 수익을 준다.

길어지는 시간을 못 참고 짧은 시간 변동되는 주식 차트를 보면서 불안해하고, 모아놓은 돈 한꺼번에 넣어서 발을 동동 구르면서도 누구에게 말 못 하는 그런 상황에 부닥친 군인도 많다.

종합주가지수 ETF를 사면, 이미 수십~수백 개의 기업을 포함했기에 그냥 그거 하나 사면 된다. ETF 자체가 이미 포트폴리오가 구성된 상태이다. 따라서 포트폴리오를 나눠서 자산을 분배하는 것은 큰 의미가 없다. 오르락내리락하는 변동성 속에서 시간을 나눠 주식에 투자하는 방법이 가장 안전하고 가장 높은 수익을 가져다준다. 아무 걱정하지 말고 그냥 종합주가지수를 사라. 그리고서 결국 우상향하리라는 것을 믿어라.

우리가 흔히 최고의 안전자산이라고 알고 있는 금, 달러, 채권은 지난

200년 동안 종합주가지수와 비교조차도 못 할 정도로 수익률이 저조하다. 따라서 꾸준히 미국 종합주가지수에 장기 투자하면 가장 높은 이익을 얻을 수 있다.

실패하지 않는 투자법 : 시간을 분할하라

헝가리의 투자 거장 앙드레 코스톨라니가 쓴 책 <돈, 뜨겁게 사랑하고 차갑게 대하라>에는 달걀 이론이 나온다.

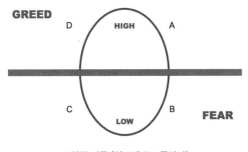

▲ 달걀 이론 (앙드레 코스톨라니)

가운데 달걀 모양의 원은 주식시장의 상승과 하락이 연결되는 사이클을 뜻한다.

A 구간은 상승기가 하락으로 들어서는 구간이다.

B 구간은 본격적인 하락 구간이고, 이때 사람들은 공포(Fear)를 느낀다.

C 구간은 하락에서 벗어나는 구간이다.

D 구간은 본격적인 상승세를 타는 구간이고, 이때 사람들은 탐욕(Greed) 을 느낀다.

진짜 투자자는 용감하게도 B, C 구간에 투자하지만, 대부분 대중은 이 구간에서 공포를 느끼며 주식을 팔아버린다고 한다. 오히려 대중은 본격 적인 상승 구간인 D 구간에서 주식을 사는 현상이 매번 반복된다.

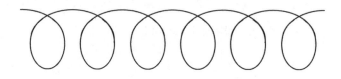

▲ 달걀처럼 굴러가는 주식시장

코스톨라니의 달걀은 위 사진과 같이 데굴데굴 굴러간다. 주식을 샀던 시점이 어느 시점이든 달걀은 굴러가기 때문에 A, B, C, D 구간은 언제나 찾아온다.

자산시장은 항상 저렇게 굴러간다. 주식을 사서 보유하고 시간이 흐 르며 상승, 하락이 반복된다. 당장 하락을 맞이했다고 공포를 느낄 필요도 없으며, 당장 상승을 맞이했다고 탐욕을 느낄 필요도 없다. 그러나 많은 사람은 달걀이 굴러가는 아주 당연하고 평범한 상황에서 환호와 공포에 휘둘린다.

종합주가지수가 결국 우상향하는 것은 '화폐 이론'을 이해하면 당연히 그렇게 될 수밖에 없음을 어렵지 않게 알 수 있다. 화폐 이론은 경제학계 누구도 부인할 수 없는 진리이자 상식이다.

통화량이 늘어나면 자산의 가격은 상승한다. 부동산뿐만 아니라 주식도 기업 지분으로서 하나의 자산이기 때문이다. 게다가 기업은 이윤을 창출한다. 그래서 화폐 가치 하락으로 자산의 가치가 오르는 수준에 더하여 이윤 증가에 대한 가치도 증가한다.

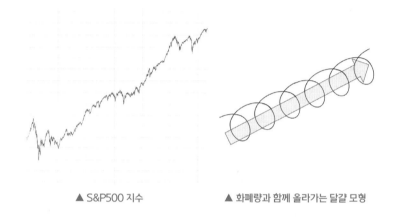

▲ S&P500 지수　　　　　▲ 화폐량과 함께 올라가는 달걀 모형

자본주의 체제 속에서 금융 시스템은 경제 성장과 함께 통화량이 지속해서 팽창될 수밖에 없는 구조다. 결국, 자산의 가격은 통화량과 함께 올라갈 수밖에 없다. 그중에 이익을 많이 내는 기업은 더 큰 가치로 상승한다. 그래서 달걀은 우상향의 방향성을 가지고 데굴데굴 굴러 결국 위로 올라간다. 주식시장은 상승과 하락을 반복하면서 결국 올라간다는 결론에 도달할 수 있다.

오르막을 굴러가는 달걀에서 우리는 어떻게 투자하면 좋은가?

가장 좋은 방법은 누구나 알듯 싸게 주식을 매수하는 것이다. 복리 공식에서 수익률을 높이는 가장 쉬운 방법은 시장이 하락했을 때 자산을 매입하는 것이다. 아래 표는 가격이 100달러인 주식이 40% 하락하는 동안 5번 나누어 1만 달러씩 투자한 결과다.

회차	주식 가격	투자금	보유 수량	평균 단가	수익률
1	$100	$10,000	100	$100	–
2	$90	$10,000	111	$94.8	−5.06%
3	$80	$10,000	125	$89.3	−10.4%
4	$70	$10,000	143	$83.5	−16.2%
5	$60	$10,000	167	$77.4	−22.5%
누적	− 40%	$50,000	646	$77.4	−22.5%

위 표에서 5번 구간까지 총 5번 투자를 했으니, 원금은 5만 달러와 총 매수한 주식의 수량은 646개가 된다. 수익률은 −22%이다. 40% 하락하는 동안 시간을 나누어 투자하면 절반가량의 손실을 피할 수 있다.

주식이 이 상태에서 상승하기 시작한다면 총매수한 평균 가격 77.4달러에서 수익은 플러스로 전환한다. 100달러로 회복한다면 43%의 이익을 얻을 수 있다. 원래 가격으로 되돌아왔을 뿐인데, 높은 이익을 얻을 수 있다. 이러한 하락 구간은 코스톨라니의 달걀 이론의 아랫부분 B, C 구간이다. 즉, 주식시장에서는 공포가 난무하고 대중들은 주식을 팔고 시장을 떠

나는 구간이다.

주식시장이 내림세에 있을 때 시간을 나눠서 투자하면 수익률을 높일 수 있다. 감정을 배제하고 이 원리를 적용하면 된다. 쉬워 보이겠지만 아무나 못 한다. 엄청난 용기와 꾸준함이 필요하며, 이 세상 모든 잡음이 다가오더라도 흔들리지 않는 신념이 필요하다.

이 책을 집필하는 2024년 10월 9일, 나는 주식시장이 하락하는 3개월의 기간 동안 매주 1천만 원씩 주식을 매수했다. 시간 분할의 원칙을 어떻게 적용하며 지키고 있는지 현재 운영 중인 네이버 카페에서 직접 보여주고 있다. 현재는 계획한 12회 분할 투자를 모두 마쳤다. 지금의 수익률은 중요치 않다. 나는 올해 들어 가장 높은 가격보다 40%나 저렴하게 매수했다.

이제 복리 공식에 맡기면 된다. 지난 12주 동안 나는 원금을 늘리고, 수익률을 늘리는 행동을 한 것이다. 이제는 시간만 늘리면 된다. 시간을 늘리기 위해 내가 해야 할 행동은 아무것도 없다. 그냥 가만히 있으면 알아서 올라갈 것이기 때문이다.

내가 이렇게 하는 이유는 카페 회원들이 주식 투자에 있어 올바른 원칙을 가져야 한다는 사실을 직접 경험할 수 있도록 돈을 들여서 보여주려는 것이다.

분할 매수하는 방법을 직접 보여주니 회원들로부터 여러 질문을 받는다. 대부분은 상당히 잘못된 지식을 가지고 질문하는데, 자신이 시장의 흐름을 맞출 수 있다는 전제를 무의식중에 가지고 있었다. 나쁜 판단을 하기 딱 좋은 상태에 있는 사람이 많았다.

그중에 가장 많이 받은 질문은 매주 한 번씩 매수하면 한 주중에 가장 저렴한 날에 사도 되냐는 것이었다. 12주 동안 분할매수를 진행하는데, 한 주 중 가장 저렴한 날을 찾겠다고 하는 것은 아무 의미가 없다. 설사 이번 주중에 저렴한 타이밍을 잘 맞춰 매수했다고 하더라도, 다음 주에 더 하락하면 결국 아무 의미가 없기 때문이다.

또는 이번 주에 너무 오른 것 같으면 매수하지 않는다는 사람도 있었으나, 그 전제는 다음 주에는 떨어진다는 자신만의 예측이 무의식에 자리 잡고 있기 때문이다. 하락장이 당장 오늘 끝나고 상승해 버리면, 보유한 주식도 없이 상승세를 바라만 보고 있어야 한다. 그렇게 좋은 기회는 떠나버린다.

대부분 사람이 주식 투자할 때 고민하는 것들은 아무런 의미가 없다. 모두 자신만의 예측대로 시장이 움직일 거라는 기대를 한다. 이유가 뭔지 물어보면 뉴스나 유튜브에서 들어본 이야기를 근거로 들었다. 모두 쓸데없는 소리를 믿고 있어 그 생각을 고치는 데 한참 걸려야 할 것 같다.

시간이 지남에 따라 회원들의 자산 총액은 아주 크게 늘어 있을 것이다. 복리 공식에 해당하는 원금과 수익률, 시간이 늘어나도록 했기 때문이다. 이외에도 매월 월급으로 미국 주식을 적립하여 투자하며, 주식으로 천만 원 모으는 챌린지 등을 진행해 올바른 투자 방법을 경험하도록 하고 있다.

잘못된 생각을 고치는 것은 단 한 번의 경험으로 충분하다. 그래서 스스로 하지 못하니 직접 보여주고 있다.

주식과 현금 비율 전략

나는 되도록 젊고 월급이 적을수록 높은 비중으로 주식에 투자해야한다고 생각한다. 군인이라면 매달 월급이 나오기 때문에 생활비 3달 치정도만 예비 자금으로 보유하고 있으면 된다. 그 외에는 모두 주식 투자를 추천한다. 주식과 예비 자금의 비율은 8:2가 좋다. 자신의 마음이 변동성에 견디기 힘들 것 같다면 7:3을 추천한다. 8:2 비율로 투자하는 방법은 다음과 같다.

---

① 보유한 현금 중 80%는 주식을 매수하고, 나머지 20%의 현금은 1년짜리 군인공제회 예금(목돈 수탁)에 가입한다.

② 1년에 한 번만 주식평가 금액과 현금 비중을 체크한다. 주식이 10% 올랐다면 9:1 비중이 되었을 것이다.

③ 9:1 비중이라면 주식 일부를 매도하여 기존의 현금에 더해, 다시 군인공제회 예금에 1년 가입한다. 이런 방식으로 비율을 다시 8:2로 조정한다.

④ 1년 뒤 주식이 10% 하락하여 7:3 비중이 되었다면, 현금의 일부로 주식을 매수하여 다시 8:2 비율로 조정한다.

8:2 비율 전략을 사용하면 주식이 올랐을 때 예비 자금을 늘리고, 주식이 하락했을 때 추가 매수할 기회를 만들 수 있다. 1년에 한 번씩만 비율을 조절해도 충분히 자산을 불려 갈 수 있다. 특히 하락장이 왔을 때 꾸준히

매수할 수 있는 여유도 가질 수 있다.

다만, 1년 중 날짜를 확실히 정하여 한 번만 조절해야 한다. 조절하는 빈도가 높으면 세금과 수수료로 원금이 손실된다. 예비 자금 20%를 은행 예금 또는 군인공제회 목돈 수탁 저축에 가입하여 1년 뒤 만기가 되는 날, 주식과 현금 비중을 조절하면 된다. 만약, 매달 월급의 일부를 적립하는 형식으로 매수한다면 마찬가지로 8:2 비율로 투자하면 된다.

심장이 터질 것 같은 공포 속에서…

나는 2022년도에 주식시장이 폭락했을 때 인생에서 몇 번 오지 않는 기회라고 생각했다. 미국이 금리를 인상하더라도 견딜 만한 경제적 체력이 충분하다는 것을 확인 후 현금을 마련했고, 가장 먼저 한 일이 자녀들의 주식 계좌를 개설한 것이다.

2천만 원씩 증여한 다음, 그해 6월 말에 2천만 원으로 미국 주식 ETF를 매수했다. 이후 모든 수익은 내 자녀들 것이다. 20년 뒤 성인이 되어 사회에 나갔을 때 충분한 밑거름이 될 것으로 확신한다. 그 확신으로 통장에 아빠의 마음을 표현해 두었다.

'심장이 터질 것 같은 공포 속에서 오직, 우리 아들 성공을 기원하며….

from. 아빠가'

연필로 이 짧은 글을 쓰는 동안 손이 너무 떨렸다. 솔직히 폭락 장이 너무 무서웠기에 지금 한 선택이 맞는지 걱정되면서도, 20년 뒤를 생각하니 흥분되는 마음이 교차하는 순간이었다.

지금 7살짜리 아들의 주식 계좌에는 8천만 원 들어있다. 내가 29살까지 가져보지 못한 돈이다. 아빠보다 20년 빨리 투자를 시작한 이 꼬마는 성인이 되었을 때 경제적 자유를 이미 달성한 상태일지도 모른다.

내가 이렇게 한 이유는, 나처럼 주변으로부터 받았던 잘못된 금융 지식을 물려받지 않길 바라는 마음이었다. 이 계좌 하나로 주식 투자는 어떻게 해야 하는지, 복리 효과는 어떤 것인지 알게 될 것이다.

여러분도 자녀가 있다면 자녀 계좌로 먼저 투자해 두길 바란다. 20년, 30년이 지나 그때 가서 신혼집 마련해 주겠다고 생각하지 말고, 미리미리 시작해 주길 바란다. 그리고 난 뒤, 여러분 자신과 배우자만 잘 벌어서 잘 살면 된다.

우리는 인생에서 경제적 활동을 하는 시간 동안 대부분은 자녀에게 들어가는 돈 때문에 노후 준비를 하지 못한다. 은퇴할 시점이 되면 그제야 노후 준비, 연금 투자를 알아본다. 솔직히 말해 그때는 너무 늦다. 자녀에게 주식을 사주는 것은 복리 공식에서 가장 강력한 '시간을 늘리는 행위'를 하는 것이다. 여러분보다 자녀가 시간이 더 많다. 그 시간을 복리 공식에 집어넣길 바란다.

킥보드 타고 노는 7살짜리 꼬마를 보면서 가끔 이런 생각에 흐뭇해진다. '이 꼬맹이가 통장에 벌써 8천만 원이나 있어.'

12

어차피 인생에 한 번은
집을 사야 한다
- 부동산 투자 -

언제는 비싸서 못 사고,

언제는 싸도 앞으로 더 떨어질 것 같아 못 사고,

언제는 금리가 높아서 못 사고,

언제는 청약가점이 낮아서 못 사고.

결국 인생에서 한번은 사야 하는 것이 집인데, 핑곗거리는 매 순간 존재한다.

인구감소와 부동산 폭락론,
14년 전부터 틀린 말이었다

2018년 어느 날, 지인에게 아파트 하나 사라고 말했다.

"앞으로 인구가 감소해서 일본처럼 부동산이 폭락할 것인데 집을 왜 삽니까? 저는 그냥 평생 전세로 살렵니다."

지인은 집을 살 생각이 아예 없었다. 살 능력이 없어서 못 사니 스스로 폭락하기를 바라는 생각밖에 없는 걸로 보였다. 혹은 내가 오르길 바라는 마음이 너무 강했던가.

인구감소에 따른 부동산 폭락론은 수요-공급 법칙에서 '수요'에 관한 부분만 강조한다. 일본과 같이 부동산이 폭락하니 인구감소를 원인으로 지목하는 사람은 '인구는 곧 수요다'로 정의하는 오류를 범하고 있다. 사람이 부동산을 사는 게 아니다. 부동산은 돈으로 산다. 그리고 부동산을 사고 싶은 욕구와 함께한다. 그래서 '사람 수'가 아니라 '돈의 양'과 '욕구 수준'을 봐야 한다.

부동산의 수요를 단순히 인구 하나로 본다면 접근 자체가 틀린 것이다. 부동산 가격이 오르고 내리고는 결과일 뿐이다. 그 결과를 예측하는 것은 틀릴 수도 있다. 그러나 원인을 살피는 과정에서 오류를 범한다면 그 결과는 반드시 틀릴 수밖에 없다.

최근 튀르키예(터키)의 집값이 5년 새 11배 폭등했다는 뉴스 기사를 봤다. 만약 인구감소가 부동산 폭락을 불러온다는 논리라면, 반대로 부동산 가격 폭등은 그만큼 인구가 늘어야 할 것이다. 튀르키예 인구수는 연평균

1% 성장 수준으로 제자리걸음 중이다. 인구가 감소하면 부동산 가격이 내려간다는 말은 틀린 말이다.

그렇다면 일본의 부동산 가격과 인구수는 상관관계가 있을까?

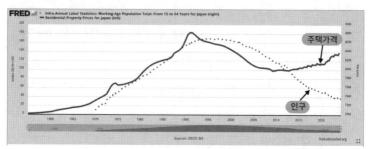

▲ 일본 생산 연령 인구(점선)와 주택 가격 지수(실선)

위 사진에서 2010년부터 일본 부동산 가격(실선)은 오르고 있다. 반대로 생산 연령 인구(점선)는 2000년부터 20년 넘게 줄어들고 있다. 2010년 이후부터 인구는 더 빠른 속도로 감소하고 있는데, 부동산 가격은 오르는 것이다. 2023년도 일본 도심 23구의 신축 아파트 평균 가격은 1억 2,962만 엔으로 역대 최대치를 기록했다. (매일경제, '23. 7. 21.)

일본의 사례로 인구감소와 부동산 폭락론은 2010년 이전까지는 맞는 이야기일 수 있어도, 현재는 14년 동안 틀린 이야기다. 부동산 가격과 인구감소의 상관관계는 매우 낮거나 일반화시킬 수 없다. 이미 14년 동안 틀린 이야기를 하는 것이 나는 도무지 이해되지 않는다. 인구감소로 인한 부동산 폭락론을 믿었다면 생각을 바로잡기 바란다.

부동산 투자, 절대 실패하지 않는 법

부동산이라는 자산은 수요가 엄청난 상품이다. 명품 가방을 생각해 보자. 누구나 하나쯤 가지고 싶어 하지만 돈이 없으면 안 사도 된다. 명품 가방 없어도 살아가는 데 아무런 지장이 없다. 그러나 집은 다르다. 이 세상 모든 사람은 집에서 살고 있다. 그 집이 내 것이든 남의 것이든 상관없다. 집값이 비싸 사지 못하더라도 전세나 월세의 형태로 반드시 거주한다.

사람들은 자신의 형편에 맞게 살 집을 구한다. 그리고 누구나 좋은 집, 넓은 집에서 살고 싶어 한다. 다만 그걸 구할 돈이 모자랄 뿐이다. 좋은 집에 대한 욕구는 충분하다. 즉, 사람들은 돈이 더 많이 생긴다면 언제든 더 좋은 집을 살 준비가 되어 있다.

	2004년	2024년	연평균 상승률
서울	1,083만 원	3,719만 원	12%
전국	598만 원	1,563만 원	8%

▲ 20년간 주택 3.3㎡당 가격 변화 (KB 부동산)

돈의 양은 영원히 늘어난다. 개인의 격차가 어떻게 되든, 사람들이 가지고 있는 돈의 총량은 계속 늘어난다. 심지어 인구가 줄어도 돈의 총량은 계속 늘어난다. 이미 발행된 돈은 사라지지 않기 때문이다. 그리고 좋은 집에 대한 욕구는 충분하므로, 돈의 양이 많아질 수밖에 없는 환경 속에서 집값은 우상향할 수밖에 없다.

지난 20년간 대한민국 주택가격은 평균 8%씩 상승했다. 2008년 금융위기를 극복하고 2023년 폭락기를 거치고 있는데도 말이다. 서울은 연평균 12%로 전국 평균보다 훨씬 가파르게 상승했다. 정말 이상한 선택을 하지 않는 한, 주택이라는 부동산을 샀을 경우 망할 일은 제로에 가깝다.

"부동산 투자 실패하지 않으려면, 어떻게 해야 하나요?" 종종 이런 질문을 듣는다. 답은 명확하다. 내가 거주해도 되겠다는 생각이 드는 것만 하면 된다. 거주하는 아파트는 어차피 수익을 낼 수 없다. 누군가에게 팔아서 돈을 받아야 수익이 생기는 건데, 직접 살고 있으니 수익이 생길 리가 없다. 즉, 거주하는 동안은 손해도 없는 것이다.

아파트는 주택 유형 중에 가장 높은 수요를 가진 상품이다. 2022년 기준 통계청 자료에 따르면 우리나라 모든 유형의 주택 2,223만 호 중 아파트 비율(300세대 이상 등)은 50% 정도 된다.

내 생각에 대부분의 아파트 비거주자는 잠재적인 아파트 거주 수요다. 아파트 살던 사람이 오피스텔이나 빌라로 거주 형태를 옮기는 일은 없을 것 같다. 아파트를 싫어하는 사람은 거의 없다. 돈이 부족해서 살지 못할 뿐이다. 빌라, 오피스텔, 토지, 상가 등 부동산 투자 분야는 너무 많지만 가장 수요가 큰 아파트만 하길 바란다.

	아파트	빌딩	토지	상가	오피스텔	매도 경험 없음
비율	54%	12%	11%	5%	3%	11%

▲ 부자의 자산 확대에 크게 기여한 부동산 유형 (웰스 리포트. 하나은행. 2023.)

웰스 리포트는 하나은행에서 매년 발표하는 보고서로, 부자들의 설문 조사 결과를 분석하여 만든다. 부자들의 54%가 아파트로 자산을 확대하였다. 결국, 부동산 투자의 기본은 아파트이다. 또 여러분이 거주할 부동산도 아파트이다.

고민할 필요가 없다. 일확천금을 노리지 않더라도 화폐 가치 하락과 함께 가치가 상승하는 곳 중에, 가족과 함께 거주해도 되겠다는 마음이 드는 집은 절대 망하지 않는다. 망하지 않는 투자 방법은 수요가 많은 곳에서 좋은 아파트를 선택하면 된다. 더 높은 수익을 올리기 위해 수요도 없는 곳에서 찾지 말길 바란다. 그 영역은 부동산 고수들의 영역이다.

수익률을 늘리기 가장 좋은 방법은 복리 공식에서 이야기했듯, 하락했을 때 투자하는 것이다. 결론적으로, 수요가 많은 지역의 아파트를 하락장에서 투자한다면 절대 망하지 않고 높은 수익을 기대할 수 있다.

아파트 갭투자는 뭐야?

소위 아파트 갭투자라고 하는 것은 '전세 끼고 산다'라는 말로 통용되는데, 매수한 아파트에 직접 거주하지 않고, 전세 세입자를 거주시키는 투자 방법이다. 아파트 가격이 10억 원이라고 하면, 전세보증금 7억 원을 세입자로부터 받아 매수한다. 이 방법은 10억 원이 없어도 아파트를 소유할 수 있으며, 향후 아파트 가격이 오르는 금액만큼 수익을 남기는 것이다.

10억짜리 아파트를 3억에 매수할 수 있다고? 그렇다. 단지 그 아파트에는 직접 거주할 수 없지만 전세보증금이라는 레버리지를 사용했기에 높은 이익을 얻을 수 있다.

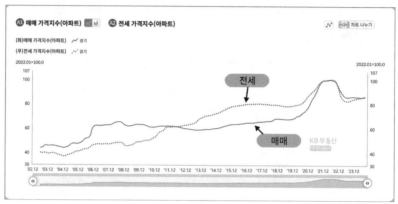

▲ 경기도 아파트 매매 / 전세 가격 지수(2003~2022)

위 그림은 경기도 아파트 가격이다. 2006년부터 2008년까지 매매 가격은 폭등했고, 이후 5년 동안 집값은 하락했다. 미국 부동산 버블로 시작된 금융위기와 국내 과도한 주택공급 때문이었다.

2008년부터 하락한 5년 동안 매매 가격과는 반대로 전세 가격은 올랐다. 그때는 사람들이 집값이 내려갈지 모른다는 우려에 구매할 수요들이 전세로 몰렸기 때문이다. 뉴스에는 부동산 불패 신화는 끝났다는 기사가 많았다.

만약 2008년 전세보증금 5억 원에 임대 중인 아파트를 10억 원에 매수했다면 투자금은 5억 원일 것이다. 이후 5년 동안 집값이 내려가 8억 원이 되었다. 집값이 2억 원이나 떨어졌다는 사실을 보고 망했다고 생각할 수도 있다. 그러나, 5년 동안 전세 재계약을 통해 보증금이 올라 7억 원이 되었다면, 2억 원이라는 돈이 생긴다. 전세 세입자가 오른 전세보증금 2억 원을 주었기 때문이다. 집값은 내렸어도 팔지 않았기 때문에 실제 손해는 없다. 결론적으로, 집값이 내려가도 전세보증금이 올라 수중에는 2억 원의 돈이 생긴 것이다. 이 상황에서 더 좋은 투자 기회가 발생한다. 올려받은 전세보증금 2억 원으로 아파트 2채를 더 구매할 기회가 생긴 것이다.

시세 8억 원에 전세 7억 원인 아파트를 현금 1억 원만 있으면 한 채를 더 매수할 수 있다. 그렇게 아파트라는 자산을 3채로 늘려갈 수 있다. 그리고 2024년까지 3채를 보유하고 있었다면, 저 아파트들은 우리에게 얼마나 많은 수익을 주었을까?

실제 아파트 매매 가격과 전세 가격의 변화로 계산해 보자. 모델은 서울 서초구의 반포 자이 아파트 35평형이다.

	매매가	전세가	갭 금액
2011년 5월	12억 9,250	6억 7,200	6억 2,050
2015년 9월	14억 2,113	11억 3,333	2억 8,780

▲ 반포 자이 아파트 매매 / 전세 가격

반포 자이 아파트를 2011년에 매수했다면, 투자금 6.2억 원이 필요하다. 매매가 13억 원으로 전세 가격 6.7억 원이기 때문이다. 4년이 지나 2015년에는 전세 가격이 6.7억 원에서 11.3억 원으로 올랐다. 4.6억 원이나 오른 것이다. 투자금 4.6억 원이 회수되어 이 시기에 조금 더 보태서 반포 자이 아파트 2채를 더 살 수 있게 된다. 소위 말하는 전세 갭투자다. 이렇게 2015년에 2채를 추가로 매수하여, 총 3채를 보유할 수 있다.

	2015년	2024년	변화
매매가	14억 2,113	39억 8,000	+ 25억 5,887
전세가	11억 3,333	15억 4,000	+ 4억 667

▲ 2015년에 반포 자이 아파트 투자했을 경우 결과

2024년 8월 가격을 기준으로 한 채당 39억 원이며 수익은 25억 원이다. 3채를 보유했다면 수익은 75억 원이 된다. 주목해야 할 점은 전세 가격이 2015년에 매수한 가격을 추월했다는 것이다. 최초 매수 가격을 전세 가격이 추월하면 집주인 입장에서는 투자한 돈이 없게 된다. 결국, 2024년 기준으로 이 아파트 3채에 투자한 돈은 없다. 오히려 매수한 가격보다 현재 전세 가격이 더 올랐으니 오히려 아파트 1채당 1억 원씩 세입자로부터 돈을 더 받은 셈이다.

정리하자면 전세 갭투자라고 하는 것은, 적은 투자금과 전세가 상승으로 인한 투자금 회수라는 두 가지 장점이 있다. 모두 알다시피 전세 가격도 장기적으로 우상향한다. 일단 전세 갭투자로 아파트를 매수해 놓으면 시간이 지나 최초 투자금은 회수하게 된다. 투자금이 모두 회수되면 그 아파트는 공짜나 다름없다. 그리고 아파트 가격은 계속 올라간다.

반면 전세보증금을 레버리지로 이용하기 때문에 전세 가격이 하락하게 되면 전세보증금 일부를 세입자에게 돌려줘야 한다. 이 때문에 전세 갭투자로 아파트를 매수할 때는 일정 부분 예비금을 대비하는 것이 좋다.

감이 좀 올 것 같은가? 이게 이해가 안 된다면 방금 설명한 내용을 종이 직접 쓰고, 계산기를 두드려 보며 이해하기를 바란다.

지금 40억 원 가까운 아파트를 예시로 든다는 것이 직업군인들이 목표로 하는 아파트와는 괴리감이 있을 수 있다. 하지만, 2015년에 3억 원으로 반포 자이 아파트를 살 수 있었을까 하는 생각이 들겠지만, 당시 나와 함께 근무했던 몇몇 군인들은 군인공제회에 그만한 돈을 갖고 있었다.

게다가 놀라운 사실은 2008년 이후 부동산 시장 폭락기에 반포 자이 아파트는 11억 원이 넘는 분양가로 미분양 되었다는 사실이다.

세입자가 대신 대출 받는다

새로 나온 자동차는 전액 현금으로 살 수 있다. 그러나 집은 다르다. 일반 직장인이 수도권의 아파트를 사려면 월급을 한 푼도 쓰지 않고 모아도 최소 8년이 필요하다. 이렇게 계산한 통계가 소득 대비 주택가격 배율 (PIR, 국토교통부)이다.

10년 전 부동산 침체기에도 PIR은 4.7을 나타냈다. 평균 소득으로 수도권 주택을 구매하는 데 4.7년이 걸린다는 뜻이다. 2024년도 2분기를 기준으로 수도권은 8.7년이 필요하다. 월급을 한 푼도 안 쓰고 모아도 수도권에 내 집 마련하는 데 9년 가까이 걸린다고 자포자기하는 사람도 있다.

실제 무주택자인 동기생은 술자리에서 "서울 사람들은 10억 원이나 되는 아파트를 어떻게 사냐? 사람들 진짜 돈 많은 거 아냐?"라며 한탄했다.

아파트는 월급 받는 직장인이 전액 현금으로 살 수 있는 레벨이 아니다. 9년 동안 돈을 모아도, 연 8%씩 집값은 올라가 버린다. 9년이면 최소 60%는 올라가 있을 것인데 연봉이 매년 10%씩 오르면 그 격차를 따라갈 수 있지만, 사실 불가능에 가깝다.

따라서, 내 집 마련할 때 대출은 필연이다. 대출을 마냥 부정적이고 공포의 대상으로만 바라본다면 여러분이 살고 싶은 집은 점점 멀어진다. 집을 샀다면 대출은 반드시 포함된다. 세입자가 들어와 보증금을 내는 것도 사실 대출이다. 전세보증금 대출을 세입자가 받기 때문이다.

결론적으로 집을 사고자 한다면 대출은 필연이며 집주인이 받거나 세입자가 받거나 둘 중의 하나다.

이런 개념 속에서 아파트를 사는 방법을 몇 가지 생각할 수 있다.

1. 아파트를 대출받아 사서, 직접 거주하는 방법

2. 아파트를 사서, 전세로 임대하는 방법

3. 아파트를 대출받아 사서, 월세로 임대하는 방법

1번의 방법대로 아파트를 직접 대출 받아 매수한다면 직접 거주하는 방법을 생각하는 것이 일반적이다. 대부분 이 방법으로 아파트를 매수할 생각을 해서 대출에 대한 부담이 크다. 즉, 자신이 거주하는 비용으로 대출을 소비하는 것이다.

2번 전세로 임대하는 방법은 앞서 설명한 갭투자를 말한다. 집주인은 대출이 없지만, 세입자가 대출받아 집주인에게 보증금으로 준다. 집주인은 세입자가 대출받은 돈을 합해서 아파트를 구매할 수 있다. 이 경우 세입자의 능력으로 대출을 받기 때문에 집주인의 신용도와 대출한도는 상관없다. 부동산 투자에서 아무나 쉽게 접근할 수 있는 방법이다. 세입자가 대출받은 돈 전부를 집주인에게 주기 때문이다.

3번은 집주인이 대출받아 아파트를 사고, 세입자에게 월세를 받는 방식이다. 집주인이 대출받았으니 은행에 원리금을 매달 상환해야 한다. 세입자는 집주인에게 월세를 낸다. 결국 집주인이 갚는 대출 원리금은 세입자가 대신 내주는 구조이다. 집주인은 공짜로 은행 대출을 이용해 부동산 투자를 한 것과 다름없다.

집주인의 대출을 세입자가 대신 받아준다는 사실과 집주인 대신 대출을 갚아준다는 사실이 충격적이라고 생각할 수도 있다. 집주인과 세입자의 관계가 어떻게 보이는가? 이것이 자본주의의 민낯이다. 불편하고 인정하기 싫겠지만, 소유권을 가진 사람에게 돈을 줘야 하는 것이 현실이다. 이래서 집주인은 세입자에게 잘해줘야 한다. 간혹 세입자를 무시하는 못된 집주인이 있다. 세입자 덕분에 투자할 수 있는데도 말이다.

내 집 마련을 하고자 한다면 대출에 대한 부정적인 관념을 버려야 한다. 대출은 필연이다. 거부하기보다 잘 이용하는 법을 알아야 한다. 그래야 내 집 마련도 부동산 투자도 시도해 볼 수 있다.

대출 시스템이 만들어 주는 놀라운 투자법

2022년 말, 부대에서 점심 식사 후 동료들과 커피 한잔하는 시간을 가졌다. 아파트 가격 이야기가 주로 나왔는데 평균 가격이 30% 수준으로 하락했지만, 아직도 집값이 너무 비싸다는 말이 많았다. 동료 중 한 명이 강원도 춘천에 아파트가 8억 원이나 한다고 했다. 중개소에 가 봤냐고 되물었더니 태어나서 한 번도 가본 적이 없다고 했다. 뭔가 가르쳐 주고 싶었지만, 어디부터 시작해야 할지 몰라 더는 이야기를 이어가지 않았다.

아파트를 매수하는 것은 꽤 큰 돈이 들기 때문에 시세를 보면서 엄두도 못 내는 사람이 많다. 특히, 관사를 지원받는 군인들은 부동산 중개사를 만나본 적이 없는 경우가 많다. 그래서 아파트 시세도 그저 뉴스나 주변 사람 말만 듣고 생각하는 경우가 많다.

내 집 마련은 약간의 원리만 이해하면 어렵지 않다. 부동산을 매수하는 방법은 '청약', '일반매매', '경매'가 대표적인 방법이다. 부동산 갭투자는 일반매매의 기본기에 가깝다. 그러나 이것 말고도 다른 방법은 충분히 있다. 청약은 확률에 의존하기에 언급하지 않겠다. 경매는 일반매매의 방법을 이해한 다음 경매 절차와 자금의 흐름을 배우면 어렵지 않게 도전해 볼 수 있다.

지금부터 은행원도 모르는 놀라운 부동산 투자법을 공개하겠다. 이 방법은 2022~2024년 1분기까지 아파트를 매수하기 좋았던 방법이다. 주택담보대출을 상담해 주던 은행원도 깜짝 놀랐던 사실이다. 그 은행원은 '나는 왜 이 방법을 몰랐나!'라며 경악을 금치 못했다.

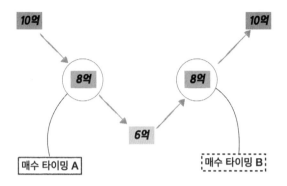
▲ 부동산 매매 실거래 가격 변화와 매수 타이밍

위 그림은 부동산 가격이 폭락하고 시간이 지나 회복하는 가격 변화를 나타낸다. 10억 원이었던 아파트가 6억 원까지 떨어졌다가, 시간이 지나 10억 원까지 회복됐다.

한 가지 문제를 내겠다. '언제 아파트를 사겠는가?'

8억 원에 아파트를 매수한다면, 매수 타이밍은 A, B 두 개 중 하나를 선택해야 한다. A는 폭락이 진행 중일 때 매수하지만, B는 반등하는 중간에 매수한다. 둘 다 가격은 8억 원으로 같다.

A와 B 중에서 어떤 타이밍에 매수하는 것이 좋다고 생각하는가? 지인들 모두 B를 선택했다. 부동산 시장이 회복하는 것을 확인하고 회복할 때 매수한다는 것이다. B에서 8억 원짜리 아파트를 매수하면 돈이 얼마나 들지 계산해 보자.

매수 타이밍 'B'에서 이전 실거래가는 6억 원이다. KB 부동산 시세는 은행권에서 가장 공신력 있는 시세 평가 데이터이다. 공공기관에서도 사용한다. 따라서 대부분의 은행은 KB 부동산 시세를 기준으로 대출한도를 산정한다. 무주택자는 80%까지 가능하다.

즉, B 타이밍에서는 이전 실거래가가 6억이므로 KB 시세도 6억으로 산정된다. 따라서 대출한도는 6억 원의 80%로 4억 8,000만 원이 가능하다. 투자금 3억 2,000만 원이 있어야 8억 원짜리 아파트를 매수할 수 있다.

매매 가격	KB 시세	대출	투자금
8억	6억 (이전 실거래가)	4억 8,000 (KB 시세의 80%)	3억 2,000

▲ 매수 타이밍 B를 선택할 경우 필요한 자금 (단위 : 만 원)

반면, A 타이밍에 매수하면 어떻게 될까? 부동산 시장 폭락이 진행되고 있는 중간에 말이다. 기억하겠지만 2022년 후반기부터 2023년까지 아파트 가격은 폭락했다. A 타이밍은 이때 아파트를 매수한다. 온 세상이 아파트를 사면 망한다고 하는 시기였다.

매매 가격	KB 시세	대출	투자금
8억	10억 (이전 실거래가)	8억 (KB 시세의 80%)	0

▲ 매수 타이밍 A를 선택할 경우 필요한 돈 (단위 : 만 원)

A 타이밍의 경우 아파트 가격 폭락이 진행 중이다. 폭락한 가격으로 거래가 되지 않기에 시세로 반영되지 않았다. 이 경우 KB 시세는 10억 원

으로 매물 가격보다 높다. 대출은 KB 시세 10억 원을 기준으로 80% 가능하다. 즉 대출 8억 원을 받을 수 있다는 뜻이다. 매물 가격은 8억 원이므로 필요한 투자금은 0원이다.

같은 가격으로 아파트를 사도 은행이 대출한도를 산정하는 원리를 이해한다면 돈을 들이지 않고 살 수 있다. 물론, 개인 소득에 따라 대출이 이만큼 나오지는 않는다. 원리를 이해하는 것이 중요하다.

같은 가격으로 사는 아파트를 하락할 때 샀는지, 상승할 때 샀는지에 따라 투자금은 아예 없거나 3억 2천만 원이 필요하다. 3억 원이라는 차이가 불과 몇 개월 만에 일어날 수도 있다.

매매 가격	A (폭락할 때)	B (회복할 때)
8억	0원	3억 2,000

▲ 매수 타이밍에 따른 투자금의 차이 (단위 : 만 원)

아래 표는 KB 시세보다 매물 가격이 낮을 때 아파트를 매수한 사례다.

	지역	KB 시세	매매 가격	대출	월세 보증금	투자금 (매매가-대출- 보증금)
A	서울 종로	8억 1,500	6억 9,000	6억	1억	-1,000
B	고양시 일산	3억 8,000	3억 1,500	3억	2,500	-1,000
C	인천 검단	5억	4억 1,500	4억	1,000	-500

▲ 대출 시스템을 활용한 아파트 매수 사례 (단위 : 만 원)

A, B, C는 나와 함께 인생의 목적을 함께 하는 소중한 친구들이다. 표 가장 오른쪽 투자금을 보면 모두 마이너스다. 오히려 세입자로부터 돈을 받았다는 뜻이다. 이들은 주택담보대출을 받았기에 매월 대출 원리금을 상환하고 있다. 그런데 놀라운 점은 매월 납부하는 대출 원리금의 70% 이상을 세입자로부터 받고 있다.

C의 경우, 월세 120만 원은 집주인이 매월 내는 160만 원 대출 원리금으로 쓰이고 있다. 결국 집주인은 매월 40만 원만 은행에 납부하면 된다. C의 2024년 8월 현재 아파트 가격은 5억 원 초반대로 1억 원의 잠정 수익이 생긴 것이다. 매수 이후 21개월 동안 대출 원리금 총 840만 원으로 1억원의 투자 수익이 생긴 것이다.

위 3명 모두 취득세와 약간의 인테리어비만 들어갔을 뿐 아파트를 매수하는 데 들어간 돈은 없다. 그리고 대출 원리금의 70%는 월세로 충당되어 매월 40만 원 내외로 납부한다.

평소 했던 적금을 일부 줄이고, 은행 대신 자신의 부동산에 매월 적금한다. 시간이 지나 금리가 내려가면 은행에 상환해야 하는 원리금은 줄어들고, 월세는 그대로 유지된다. 결국 대부분의 대출 원리금은 세입자가 내게 된다. 이게 가능한 이유는 은행에서 대출한도를 산정하는 시스템을 이용했기 때문이다.

사람들은 자산시장의 폭락은 피해야 한다고 생각한다. 가격이 올라가는 것을 확인하고 사려고 한다. 가격이 올라가기 시작하면 투자금이 많이 필요해지므로 또다시 포기하는 상황이 찾아온다. 여러분이 알고 있는 매수 타이밍이란 건 대부분 틀렸다.

물론, 사람마다 대출한도는 모두 다르며 소득과 나이에 따라 천차만별이다. 내가 이야기하고 싶은 것은 이 원리를 알면 자신의 상황에 맞는 아파트 가격 범위를 정할 수 있고, 내 집 마련도 적은 돈으로 가능하다는 점이다.

나중에 집 한 채 사겠습니다. 그놈의 나중에…

"돈을 왜 모으고 계시는가요?"

"나중에 집 한 채 사려고…"라는 대답을 많이 한다.

나중에… 그냥 열심히 모으고 있으면 그날이 올 거라고 막연히 믿는다. 그렇게 아파트 청약에만 빠져있다. 청약 당첨으로 분양받는 아파트가 싸기 때문이다.

분양 아파트가 싼 이유는 두 가지다. 첫째는 건설사 입장에서 분양하자마자 완판을 시켜야 건설투자금을 회수할 수 있어서, 이를 위해 시세보다 싸게 분양한다. 둘째는 정부의 가격 통제, 즉 분양가 상한제 때문이다. 정부가 건설사 맘대로 가격을 올리지 못하게 하는 제도다. 가격이란 수요와 공급의 결과물에 불과하다. 수요와 공급 정책이 아닌 '정찰제'는 자유시장 원리를 억누르기에 결국 부작용이 생길 수밖에 없다.

1990년대 슈퍼마켓 과자도 소비자 가격 정찰제를 했다가 폐지했다. 제과 기업들이 가격을 올리지 못하니 수익이 마이너스로 돌아선다. 결국 기업은 상품 공급을 중단하게 되고, 수요는 꾸준한데 공급이 중단되니 과자

가격은 폭등하게 된다. 분양가 상한제는 신축 아파트의 가격 정찰제다. 부작용이 발생할 수밖에 없는 제도다. 이제 분양가 상한제는 강남 3구 외에 모두 없어졌다. 건설사가 마음대로 분양가를 올릴 수 있다. 돈을 더 모아내 아파트를 마련하겠다는 생각은 빨리 버리는 것이 좋다.

분양가 상한제가 시행되는 동안 '로또 청약'이 유행했고, 대한민국 무주택자들에게 당첨 확률 3%도 안 되는 복권 사는 분위기가 만들어졌다. 아파트 분양권을 사행성 복권으로 만든 것이다. 아파트 가격이 폭등하니 사람들은 청약이라도 매달릴 수밖에 없었다.

내 집을 마련하는 또 하나의 방법으로 청약하는 것이지 오직 청약이 정답이라는 생각은 버려야 한다. 청약을 받아 계약금, 중도금, 잔금, 입주 또는 전세 세팅하는 것이 일반매매보다 훨씬 복잡하고, 자금 계획을 세우기도 어렵다. 사실 입주장이 펼쳐지면 세입자를 구하지 못해 피가 마른다. 3%에 미치는 확률로 당첨되기만 기다리다 결국 이도 저도 아니게 된 사람을 많이 봤다.

청약이 당첨되어 좋아하는 사람이 있다면, 전국에는 수백만 명의 탈락자가 있는 것이다. 그 사람들은 매번 이런 생각을 한다. '이번에는 꼭 되었으면 좋겠다.'

나중에 아파트 한 채를 사겠다는 생각으로 돈을 모으지 말라. 결코 그 시간은 오지 않는다. 이미 경험했지 않은가? 주위 어른 중에 무주택자가 있다면 그분들이 이미 경험했지 않은가?

좋은 아파트 고르기

배산임수는 뒤에 산이 있고, 앞에 물이 있는 좋은 땅이라는 뜻이다. 겨울에는 추운 북풍을 산이 막아주고, 앞에는 강물이 흘러 식수와 생활용수를 구할 수 있기 때문이다.

21세기를 살아가는 지금, 땔감을 구할 산이 없으면 난방이 힘들다거나 겨울 바람을 산이 막아주어야지만 덜 추워지는 그런 시절인가? 강이 없으면 먹는 물이나 빨래를 못 하는 그런 시절인가? 적어도 대한민국은 현재 그런 시절은 아니지 않는가?

석유 한 방울 나지 않아도 대다수 국민은 겨울에 난방 잘되는 집에서 편하게 잘 수 있고, 수도꼭지를 틀면 물이 잘 나오는 공간에서 살고 있다. 기반 시설과 건설 기술이 발전하면서 배산임수의 혜택은 기본 거주환경으로 대체할 수 있었다.

지금 산과 물이라는 요소는 수백 년 전 선조들이 가졌던 의미와 완전히 다르다. 지금은 강물이 흐르는 멋진 경치, 생활의 여유를 주는 녹지로서의 가치를 가진다. 배산임수의 땅도 어디 있냐에 따라 가치가 다르다. 산과 물이 없는 도심지에서는 하이엔드 프리미엄이다. 반대로 산과 물이 사방에 있는 곳에서는 프리미엄의 가치가 많이 희석된다.

나의 부모님은 지방에서 오래 거주해 온 아파트가 있다. 전형적인 배산임수의 아파트다. 그러나 아파트 가격은 지난 30년 동안 그 자리에 머물러 있다. 그 시골에 산과 물은 너무나도 많기에 그렇게 큰 가치를 갖지 못한다. 산과 물이 주는 도심의 프리미엄을 제외하면 교통 여건이 기본이다.

▶ 교통

교통은 현대 사람들의 시간을 단축해 주는 강력한 수단이다. 역세권에 살면 시간을 여러 가지로 단축하고 체력을 아껴주며, 나와 가족들에게 여가와 자기 계발 시간을 훨씬 많이 준다. 즉, 시간 단축 효과는 우리 인생에서 더 많은 기회를 준다.

교통 입지는 직장으로 가는 시간이 짧아야 한다는 점이 가장 중요하다. 서울에는 21개의 중심지가 있다. 그중에 으뜸은 강남, 서울 도심(광화문), 여의도-영등포이다. 반드시 머릿속에 기억하길 바란다.

아래 사진은 서울시 도시계획 중 중심지를 표시하고 있다. 중심지로 많이 연결되는 교통수단은 많은 사람이 이용한다. 바로 업무와 상업시설이 밀집된 지역이기 때문이다.

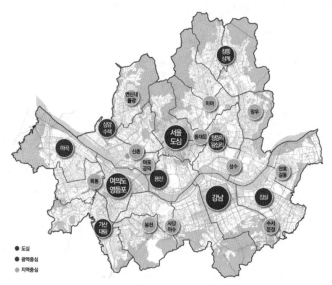

▲ 서울의 중심지 (2040 서울 도시 기본계획)

중심지의 직장 군이 형성된 곳과 연결된 지하철, 도로는 높은 가치를 가지고 있다. 이와 연결된 역세권 아파트는 좋은 입지로 평가를 받는다.

지금 어떤 아파트 단지를 살펴보고 있다면, 지도 앱을 켜서 검색만 해 보면 된다. 아파트 단지를 출발지로 지정하고 제일 먼저 강남의 강남구청역, 광화문의 서울 시청역, 여의도의 여의도역 또는 영등포구청역의 지하철 이동 소요 시간을 파악한다.

지인이 시흥 대야역의 아파트를 매수했으니, 예시로 들어보겠다. 매수할 당시 부동산 폭락이 진행되던 상황에 사람들은 부동산에 관심이 없었던 시기였다. 서해선 연장선이 개통을 앞두고 있는데 아무도 관심이 없었다. 서해선은 경기도 시흥에서 서울로 진입하는 유일한 지하철이다. 지인의 보유 자금을 고려해서 매수할 수 있는 가장 신축인 아파트를 골라주었다.

시흥 대야역과 여의도, 광화문, 강남의 접근성, 중요 도심 업무 지구 세 군데를 검색하니 지하철로 50분 정도 소요된다.

	여의도역 (9호선)	서울 시청역 (1호선)	강남구청역 (7호선)	마곡나루역 (9호선)	가산디지털단지역 (7호선)
소요 시간	49분	51분	63분	33분	30분
환승 횟수	1회	1회	1회	1회	1회

▲ 서해선 시흥 대야역과 서울 중심지 간 지하철 이동 시간 (카카오맵)

광역 중심 지구 마곡과 가산디지털단지는 30분으로 접근성이 꽤 괜찮은 편이다. 경기도에서 지하철 30분으로 서울의 업무 중심 지구에 접근하는 아파트는 가격만 괜찮다면 꽤 매력적이다.

어떤 입지가 좋은지 비교할 때 우선적으로 이런 중심지로의 접근성을 비교해 봐야 한다. 비슷한 조건의 교통 접근성을 가졌지만, 가격이 싸다면 저평가로 판단할 수 있는 중요한 근거로 고민 하나를 해결하게 되는 것이다.

▶ 상권

좋은 학군으로 유명한 지역도 있다. 학군도 중요하지만, 모든 사람이 중요하게 생각하지는 않는다. 중학생 자녀가 있는 학부모는 학군을 아주 중요하게 생각한다. 반면 신혼부부, 노년층은 학군이 그렇게 중요하지 않다. 나는 학군지 아파트를 매우 선호하지만, 첫 내 집 마련이라면 꼭 그렇게 시작하지 않아도 된다.

한편, 상권은 누구에게나 필요한 부동산 입지 요소다. 생필품을 구매하고 여가를 즐기는 곳은 대부분 상권이라는 공간에서 이루어진다. 큰 상권은 쉽게 형성되지도 않고, 토지이용계획이나 도시개발계획에 따라 형성되고 나면 대부분 그곳에서 규모가 확장된다.

상권을 바라보는 관점과 데이터 접근법은 정말 다양하다. 상가에 투자하는 사람의 관점은 더 세밀하기도 하고 아파트와는 관점이 완전 반대인 경우도 있다.

경기도 파주 운정신도시 토지 용도를 샘플로 확인해 보자.(운정을 예로 드는 이유는 내가 만난 군인들이 그 지역을 좋아해서 일뿐 다른 의도는 없

다.) 아래 사진은 네이버 지도에서 검색한 운정 GTX역 일대의 지적도이
다. 지적도는 네이버 지도 우측 상단의 '지적편집도'를 설정하면 바로 나
타난다.

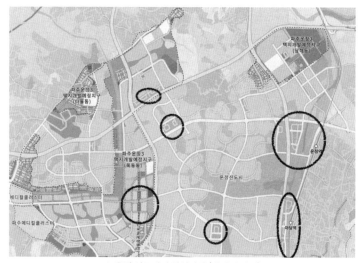

▲ 운정 신도시의 상업지역 (네이버 지도)

GTX역 일대의 상업지역(왼쪽 아래)보다 운정역(오른쪽 위)과 야당역
(오른쪽 아래) 지역의 상업지역이 규모가 큰 것을 볼 수 있다. 운정역(경
의선) 일대 상업지역은 중심상업지역이다. 지금은 개발 중이지만 2~3년
뒤부터는 큰 오피스텔부터 많은 업무시설이 들어온다. 운정은 아직도 개
발 중이라 어느 지역이 좋아지겠다는 말이 참 조심스럽지만, GTX역만 고
집할 필요는 없다는 생각이 든다.

아파트 매수 목적마다 다르겠지만 만약, 운정에 실거주하고 생활하기
좋은 아파트를 매수하겠다고 한다면 굳이 GTX역 근처로 갈 필요는 없을

것이다. 운정역 상권이 훨씬 크니 그 근처가 생활하기 더 편할 것 같다는 것은 이렇게 지적도를 펴보면 알 수 있다.

실제 임장을 다녀서 어떤 상가가 들어와 있는지? 학원가는 어떤지? 유흥시설은 어떤 것들이 있는지를 살펴봐야 한다. 우선 대형마트, 스타벅스, 어학원 위치를 미리 확인한다. 실제 가서 둘러볼 때는 안마 업소, 단란주점, 길거리 담배꽁초가 얼마나 많은지도 본다. 유흥가보다는 학원가 상권이 훨씬 좋다.

신규로 생성된 상가의 공실이 많으면 나쁘다고 생각하는데 반은 맞고 반은 틀린다. 상가건물 입주 이후 4~5년 정도는 공실이 대부분 많다. 높은 분양가 때문에 임대료가 높지만, 전체적으로 인프라가 갖추어지지 않아 사업자들이 쉽게 수익을 내기 어렵기 때문이다. 그러나 좋은 입지는 시간이 지나면서 모두 해결되는 곳이 있다.

전체적으로 그 지역의 기반 시설 형성과 함께 인구 유입이 잘 되고 있는지를 판단하는 것이 가장 중요하다. 상업지역에 인구 유입이 잘 되고 있는지 알아보는 팁은 대략 다음 3가지로 본다.

우선, 상가건물의 공실이 줄어들고 있는지를 봐야 한다. 이는 여러 명의 부동산 중개인의 말을 들어보면 알 수 있다. 둘째는 상가 임대료가 시장 금리 수준보다 낮게 유지되고 있어야 한다. 만약 시중금리보다 임대수익률이 높다면 상업용 부동산 거래가 잘 안된다는 뜻이다. 마지막으로 가장 쉬운 방법은 상가건물의 유료 주차 비용이다. 유입 인구가 많으면 많을수록 주차 비용은 비싸진다.

요즘에는 부동산 데이터 플랫폼으로 간편하게 정보를 확인할 수 있다.

대표적인 부동산 앱으로는 KB 부동산, 네이버 부동산, 호갱노노, 아실, 부동산 플래닛 등이 있다. 지도 기반으로 여러 가지 입지 분석 데이터를 시각적으로 잘 보여준다. 적극적으로 활용해서 좋은 입지를 확인하고 익숙해져야 한다.

계속 강조하지만, 군인은 부동산에 투자하기 매우 좋은 직업이다. 우선 관사 지원을 들 수 있다. 낮은 보증금으로 가족들과 거주하면서 서울이나 수도권의 수요가 많은 아파트에 투자해 놓으면 된다. 투자 원리만 이해한다면 그다지 어렵지 않다.

내 집을 마련하기 위해 돈을 모으고 있다면, 그 돈이 완성되기 전에 내 집 마련을 먼저 하자. 그리고 그 돈을 완성하면 된다. 불가능할 것 같지만, 모두 그렇게 내 집을 마련하고 있다. 아직 무주택자인 사람들만 그 방법을 모를 뿐이다.

잘못된 선택 : 이제 정착하고 싶어요

군인들은 자신이 원하지 않는 곳에서 이동하며 거주하는 경우가 대부분이다. 그래서 어딘가 정착한다는 마음이 강하다. 나도 복무하는 동안 한 곳에 정착하고 싶다는 생각이 강했다. 가족들이 생활하기 편하고, 아이들이 학교 다니기 좋은 곳에서 정착하고 싶었다. 수년마다 보직을 바꾸고, 부대를 바꾸는 군인과 가족들에게는 '정착'이라는 것은 중요한 소망일 것이다. 여기서 문제는 정착이라는 의미를 내 집 마련하는 것과 동일시 한다는 점이다.

커뮤니티 카페에 이런 질문이 올라온 적이 있다.

"대출받아 9억 원은 가능할 것 같은데, ○○광역시에 어떤 아파트를 사면 좋을까요?"

9억 원이면 서울에 충분히 아파트를 살 수 있는데, 지방 광역시를 생각하고 있었다. 9억 원으로 서울에 아파트를 사고 임대를 놓으면 된다. 서울보다 지방 광역시 임대료가 더 싸니 그 임대료로 지방 광역시에 거주하면 된다. 그분은 직장이 광역시고, 부모님도 가까워 그곳에 정착하고 싶다고 했다. 자기 성향이지만 좋은 선택으로 보이지 않았다.

정착하기 위해 반드시 그곳에 집을 살 필요는 없다. 대한민국에서 가장 좋은 땅을 선택해서 보유하고, 거주하고 싶은 곳은 임대받아서 살면 된다. 이것이 돈이 덜 드는 방법이고, 시간이 지나 자산 가치도 더 많이 오르는 방법이다. 이 좋은 방법에도 군인들은 정착하고 싶은 마음에 덜컥 아파트를 매수하는 경향이 많다.

경기도 외곽 소도시에 아파트를 매수하고자 했던 사람, 강원도 ○○군에 신축이라며 아파트를 매수하고자 했던 사람 등 내가 뜯어말린 사람이 꽤 되는 것 같다.

군에서 복무하는 동안 안정된 거주 여건을 바라는 마음은 이해한다. 그러나 정착은 임대로 하면 된다. 매수는 능력이 닿는 한 서울이나 서울과 가까운 수도권으로 정하라.

거래에 대한 두려움 없애기 : 부동산 거래 기술

아파트를 사려고 마음먹었으면 이제는 심리 싸움이다. 부동산 거래에는 파는 사람과 사는 사람, 그리고 중개사 이 3명의 사람이 있다. 원하는 조건으로 거래하기 위해서는 상대방의 입장을 알아야 한다. 거래의 중간 매개 역할을 하는 중개사의 입장도 잘 알아야 한다.

상대방, 즉 집을 파는 사람과 중개사의 입장만 잘 파악한다면 거래를 유리한 쪽으로 가져올 수 있다. 단, 기본적으로 전제되어야 할 부분은 '아니면 말고!'라는 태도를 지킬 필요가 있다.

시장의 매물은 아주 많다. 그러니 내가 원하는 거래로 가져오지 못하더라도 조급해할 필요가 없다. 거래는 심리 싸움이다. 조급한 사람이 지는 게임이다.

매도자의 불안감

가장 먼저 집을 파는 사람의 입장을 생각해야 한다. 집을 파는 사람이 처한 환경을 간단히 말하자면, 시간이 급한 사람과 급하지 않은 사람으로 나눌 수 있다. 시간이 급하지 않은 사람은 싸게 집을 내어놓을 일이 없으므로 이런 매물은 넘어간다. 집을 가진 사람은 자신의 집을 절대 손해 보면서 처분하는 것을 원하지 않는다. 여기서 힌트를 얻을 수 있다.

생각해 보자. 시간이 급해서 집을 파는 사람의 심리는 어떨까? '내가 팔고 나서 집값이 오르는 건 아닐까?' '내가 너무 싸게 파는 건 아닐까?' '어떻게든 견뎌볼까?' 집을 파는 사람은 이런 불안감을 느끼고 있다.

당연하지 않은가? 그런데 거래의 경험이 없는 사람들은 이런 매도자의 마음을 잘 모른다. 집을 파는 사람, 매도인은 이런 불안감을 느끼며 집을 시장에 내어놓는다.

매도자들은 자신이 내놓은 가격에 확신이 없기 때문에 '아주 작은 자극'에도 매물을 거둬버리거나 순식간에 가격을 올려 버린다. 대부분 그 '작은 자극'은 매수자, 즉 집을 사려고 하는 사람들이 제공한다. 놀랍게도 집을 싸게 사고 싶어 하는 사람들 때문에 집값이 올라간다. 지금부터 그 원리를 알려주겠다.

매도자를 자극하는 매수자들

리치비 부부가 냉장고를 사려한다고 가정하자. 가장 먼저 오프라인 매장에서 예쁘고 기능 좋은 냉장고 모델을 보고 가격을 체크한다. 그리고 다른 오프라인 매장도 둘러보며 "이거 얼마예요?"라고 시세를 파악하러 다닌다.

오프라인 매장 다 둘러보고 네이버 쇼핑도 검색하고 쿠팡도 검색하고 군인이면 군인 복지몰에도 들어가 본다. 냉장고 후기도 블로그나 유튜브에서 검색해 보는 과정을 대부분 거친다. 여러 가지 시장조사를 마친 결과, 리치비 부부가 할 수 있는 모든 수단을 통해 가장 최저가를 파는 곳에서 최종 주문을 한다. 냉장고는 이런 방식으로 싸게 살 수 있다. 그러나 아파트를 이런 식으로 사면 절대 싸게 살 수 없다.

우리는 대부분 아파트 매물을 싸게 내어놓은 중개사 중에서 고른다고 생각한다. 중개사들은 가격을 결정할 수 없는 사람이다. 결국 집주인이 가격을 결정한다. 이러한 구조 속에서 싼 매물을 찾기 위해 여러 중개사에게 "얼마짜리 있어요?", "가격 좀 내릴 수 있어요?"라고 물어보는 건 바보 같은 행동이다. 왜 그런지 예시 상황으로 살펴보자.

리치비 부부의 사정(매수자)

리치비 부부는 임장도 다니고 대출도 알아봐서 여러 가지 조건이 마음에 드는 아파트를 찾았다. 네이버 부동산에서 매수하고자 하는 아파트의 매물을 검색해 보니, 대부분 5억 이상으로 나와 있고 4억 9천만 원짜리 아파트가 급매물로 올라와 있다. 자세히 읽어 보니 그 매물은 중개사 여덟 군데 등록해 놓은 상태다. 집주인이 상당히 급하게 처분하려고 하는 상황을 예상할 수 있다.

중개사 1명에게 전화해 가격 500만 원만 싸게 안 되냐고 물어본다. 잠시 뒤 안 된다고 답변이 왔다. 또 다른 중개사에게 전화해서 500만 원 싸게 해달라고 물어본다. 역시 안 된다고 답변이 왔다. 세 번째 중개사에게 전화해서 500만 원 싸게 해달라고 물어본다. 안 된다고 답변이 왔고, 이제는 '안 되는구나'라고 생각한 리치비 부부는 그럼 집이라도 한번 보자는 심정으로 집을 볼 시간 약속을 잡는다.

집주인의 사정(매도자)

집주인은 대출 금리가 너무 높아 일상생활이 어려워져 당장 3개월 뒤면 모아놓은 현금이 마이너스가 될 상황까지 왔다. 아내와 상의 끝에 집을 팔기로 했다. 지금 살고 있는 아파트를 팔고 전세로 사는 것이 훨씬 더 이득이라고 생각했기 때문이다. 그래서 아파트를 매물로 내놓았다.

부동산 중개사에게 시세를 물어보니 지난 실거래가는 4억 8천인데 지금은 호가가 5억이라고 이야기한다. 5억으로 내어놓으면 안 팔릴 것 같고, 4억 8천으로 내놓기에는 아깝고, 그래서 4억 9천으로 매물 가격을 정하고 중개사에게 팔아달라고 해놓은 상태다.

어느 날, 중개사에게 전화가 왔다. 500만 원 깎을 생각 없냐고 물어본다. 집주인은 안 된다고 했다. 다른 중개사에게 전화가 왔다. 또 500만 원을 깎으면 사겠다는 사람이 있다고 한다. 잠시 '빨리 팔까'라는 생각도 했지만, 매수자들이 몰리는 것 같으니 500만 원 손해 보는 느낌이 든다. 세 번째 중개사로부터 전화 왔다. 500만 원 깎아달라고 했지만 안 된다고 했고 잠시 뒤 집을 보겠다는 연락이 왔다.

집주인은 아내와 상의한다.

"오늘 집을 보겠다는 사람이 3명이나 연락이 왔어. 500만 원 깎아달라고 했는데, 싫다고 했더니 4억 9천에 집을 좀 보겠다는데?" 이 말을 들은 집주인 아내는 이렇게 말한다. "내가 너무 싸게 파는 거 아니냐고 했지? 오늘 하루에만 3명이나 연락이 왔어? 집 살 사람들 많이 모이는 것 같은데 1달만 더 기다려 보자." 이렇게 급매물은 사라져 버린다.

리치비 부부 혼자 전화 3통 했을 뿐이다. 그러나 집을 파는 사람으로서는 각각 다른 3명으로 착각할 수 있는 것이다. 결국은 이렇게 매도자의 불안한 마음을 자극하게 된다.

집을 살 때는 절대 여러 중개사를 통해 접근해서는 안 된다. 집을 보러 다닐 때는 전세나 월세를 구하는 것처럼 다녀야 한다. 어느 한 매물에 꽂

혀서 가격 깎아보려고 여러 중개사에게 알아보는 것은 절대 득이 되지 않는다. 집을 거래하는 것은 대리점에서 냉장고 사는 것과는 본질적으로 다른 거래다.

반대로 매도자의 입장을 잘 생각해서 가격을 내려받을 수도 있다. 2022년 조정기에 거래가 완전히 말라 있을 때의 내 경험이다.

시간이 급한 매물이 몇 개 있다는 사실을 알고 현금 ○ 억 원을 준비한 상태에서 그 아파트에 접근했다. 그리고 여러 중개사를 찾아갔다.

"계약금과 중도금을 포함해서 1주일 이내 ○ 억 원을 현찰로 줄 수 있어요. 잔금과 등기는 먼저 해도 좋고, 나중에 해도 좋아요. 대신 8천만 원 깎아주세요."

처음에는 절대 꺾이지 않던 집 주인이 가격을 3천만 원, 4천만 원, 5천만 원 내리기 시작한다. "에이, 안 사요. 다른 단지 볼게요." 그리고 소통을 잘해주는 중개사 사장님을 찾아갔다. "요즘 이 단지 싸게 매수하려고 가격만 내려놓고 다니는 사람이 있어요. 다른 중개사들이 조심하라고 연락이 왔더라구요."라고 그 사장님이 말했다. 내 이야기였다.

결국 나는 그 중개사를 통해 8천만 원 깎아서 그 단지에서 가장 좋은 매물을 샀다. 상대방의 입장을 잘 공략하고, 급한 마음을 갖지 않는다면 우리에게 유리한 거래를 성사시킬 수 있다.

급매로 내놓은 매도자가 있다면, 반드시 그 이유를 알아야 한다. 그래야 거래할 때 공략 포인트가 생긴다. 부동산을 처음 거래하는 매수자의 대부분은 경험이 없어서 일단 '기'가 한번 눌려 있는 상태로 중개사 사무실을 찾아간다.

절대 그럴 필요 없다. 기가 죽는 이유는 돈이 부족한 경우가 대부분이다. 군 관사에서 거주할 거니까 급할 필요도 없고 그 매물이 아니어도 선택지는 얼마든지 많다. 절대 스스로 기죽을 필요 없다. 그냥 농산물 시장에서 과일 고르듯이 생각하면 된다. 아파트도 그런 마음으로 사면 된다.

일단 이러한 마음을 기본으로 중개사에게 매도자는 왜 매도하는지를 알아봐야 한다. 여러 가지 이유를 확인할 수 있을 것이다. 대부분 여기를 팔고 다른 곳으로 이사 간다거나 근처 신축 분양을 받아서 이사 간다는 경우가 많다.

위 두 경우는 시간이 한정된 사람이다. 시간이 급할수록 유리하게 거래될 가능성이 크다. 또는 다주택자인데 세금이나 금리 때문에 처분하려는 경우도 있다. 이 경우는 시간이 여유가 있는 사람이다. 이것 외에도 다양한 경우가 있겠지만, 내가 본 대부분은 위 3가지 상황이다. 매도자의 심리와 입장이 어떨지 생각해 보면 어떤 공략으로 거래에 임해야 할지 방법이 생길 것이다.

중개사의 사정

중개사는 우리가 싸게 사든 비싸게 사든 아무런 상관이 없는 사람이다. 중개수수료로 수익을 만들기 때문에 중개사의 거래 목적은 '거래 성사'이다.

중개사가 수익이 발생하는 상황을 살펴보자. 집을 파는 사람이 중개사에게 연락해 매물을 등록한다. 중개사는 집을 파는 사람에게 수수료 300만 원(임의 예시)과 집을 사는 사람에게 수수료 300만 원을 받는다. 거래자 양쪽 모두에게 돈을 받는 것이다. 1건의 거래로 매도인과 매수인 두 명에게 수수료를 받는다면, 총 600만 원의 수입이 생긴다.

중개인이 중개할 때는 공동중개를 하는 경우도 많이 있다. 매도인의 매물을 가진 A 중개인과 매수인을 데리고 오는 B 중개인이 각각 300만 원 수수료를 챙기는 구조다. 단독중개를 통해 얻을 수 있는 600만 원의 수입은 반으로 줄지만, 이러한 네트워크로 더 많은 거래를 할 수 있기 때문에 공동중개도 가리지 않고 중개한다.

자, 그럼 집을 사기 위해 중개사를 찾아가면 그 중개인은 어떤 상황이 가장 자신에게 유리할까? 매물의 가격은 중요하지 않다. 중개사가 바라는 것은 단지 거래가 이루어질 수 있는 가격으로 협의가 이뤄지는 것이다.

중개인에게 가장 유리한 상황은 매도인과 매수인 모두에게 수수료를 받는 것이다. 한꺼번에 돈을 많이 벌 수 있기 때문이다. 거기에 매수인이 전세까지 세팅한다면 전세 계약 중개수수료까지 챙길 수 있다. 따라서 이런 중개인의 입장을 생각하면서 접근해야 한다.

중개인에게 거래할 때, '사장님이 내 편이면 좋겠다. 앞으로 사장님하고만 거래하겠다.'라고 직접 이야기한다. 그리고 사장님이 가지고 있는 매물 중에 싸다면 계약하겠다는 의지를 말해준다. 처음부터 확실하게 단독중개로 해주겠다고 못을 박는다.

추가로 2,000만 원 싸게 거래될 시 수수료 외에 감사비 100만 원을 더 드리겠다고 하면, 중개인에게는 최상의 좋은 조건이 된다. 그러면 반드시 여러분 편이 되어 준다. 그다음 '단, 조건이 있다. 2주 안에 계약이 되면 좋겠고, 2주 지나면 다른 곳을 알아보겠다. 내가 정한 가격 말고는 살 생각이 없다.'라며 마지노선 조건을 제시해야 한다.

중개인에게도 빨리 처리해 주어야 할 이유를 만들어 준다. 이렇게 배짱 있게 시도해 보라. '되면 좋고 안되면 말고' 이런 마음으로 반드시 해보길 바란다. 우리는 급할 이유가 없기 때문에 거래 방식을 제안할 수 있는 것이다.

이렇게 배짱 있게 갈 수 있는 이유는 이미 시세 조사와 입지에 대한 가치를 정확히 인식했기 때문이므로 공부가 필요한 건 사실이다. 이런 이유로 경험이 많은 사람이나 하는 거로 생각할 수도 있다.

지인 중 에리나 님이 종로구에 아파트를 매수할 때 이처럼 거래하는 방법을 알려줬더니 그대로 따라 했다. 부동산 중개사는 에리나 님이 부동산 매매 사업자 혹은 임대사업자와 같은 베테랑인 줄 알았는데, 생애 첫 주택 구매자인 것을 알고 너무 놀랐다고 했다.

지금 무주택자에서 내 집 마련을 시도하고 있다면 부동산 거래의 기술을 써보길 바란다.

덥석 물면 낭패 보는 지역주택조합

아파트 가격이 너무 올라 이제는 살 수 없거나 청약 당첨도 안 되는 경우 마음이 급해지는 상황이 올 수 있다. 이런 때에 저렴하게 아파트를 분양받을 수 있다는 광고를 보면 좋지 않은 선택을 할 수 있다.

2017년도에 지인이 재개발 투자하러 가자고 해서 따라간 적이 있다. 분양홍보관이었다. 처음 들어가자 34평 아파트 모델하우스도 보면서 내

부 구조에 대한 장점에 관해 설명을 들었다. 거실도 넓고 팬트리 등 서비스 면적도 좋아 보였다. 그리고 나서 자세히 상담을 받아보니 아직 재개발은 시작도 하지 않았고, 20분 동안 열심히 들여다봤던 모델하우스는 실체 없는 공간일 뿐이었다.

상담직원의 설명을 듣자 하니 부동산 초보에게는 아주 매혹적인 유혹이었다. 조합원 가입비가 1천만 원인데, 가입하면 나중에 분양가 혜택을 받고 입주할 수 있다고 했다. 그 분양홍보관은 지역주택조합 사업을 추진 중인 부동산 업체였다.

내가 겪은 것처럼 대부분 분양홍보관을 만들어서 손님이 들어오면 모델하우스를 보여준다. 보통 사람들은 구조가 좋고 나쁘다는 이야기를 한다. 사실 그건 땅 없는 조합원을 모집하는 미끼에 불과하다.

재개발 조합원은 기본적으로 개발 지역의 땅 주인들을 말한다. 그런데 이런 지역주택조합은 땅을 기반으로 개발을 추진하지 않는 경우가 많기에 개발 자본을 조달받기 위해 땅 없는 사람들을 모아 조합에 가입시킨다. 그 가입비로 사업을 추진한다. 지역주택조합의 사업방식은 다음 두 가지로, 토지활용동의 방식과 토지매입 방식이 있다.

토지활용동의 방식

건설업은 토지를 확보하고 그 위에 건물을 지어야 한다. 그 땅을 확보해야 하는데 토지활용동의 방식은 땅 주인에게 땅을 매입한 것이 아니라, 재개발되면 땅만큼 아파트를 제공하겠다는 약속만 존재한다. 그 약속에 동의했다는 것이 동의율이다. 이 사업도 괜찮은 방식이지만, 문제는 땅 주인이 사업추진 중간에 '하지 않을래' 하면 그만이다. 그러니 사업자는 돈을 줄 누군가를 찾아야 한다. 조합원의 자격을 주는 명목으로 1천, 2천만 원 계약금, 중도금 형식의 돈을 받는다.

지역주택조합 사업지역에는 두 가지 이해관계자가 존재한다. 돈 한 푼 안 낸 땅 주인과 사업자에게 돈을 낸 분양 희망자. 재개발 사업은 땅 주인들이 의지가 있어야 한다. 그런데 정작 땅 주인은 돈 한 푼 안 냈으니, 의지가 강할 수 없는 구조다.

조합 가입 희망자가 별로 안 들어오면 땅 주인은 토지활용동의를 취소한다. 토지활용동의가 많이 취소되면 조합 가입 희망자는 안 들어오고 사업자는 망한다. 그렇게 이미 돈을 낸 조합 가입 희망자도 함께 망한다. 이걸 방지하기 위해 실체도 없는 모델하우스를 만들어 보여준다.

토지매입방식

입주 성공 확률이 높은 방식은 토지매입방식이다. 사실 국가가 아니고서야 이 방식은 어렵다. 한 사업체가 돈을 모두 지불하고 토지를 매입하기 는 어렵다. 매입한 토지를 담보로 대출을 받을 수밖에 없고, 특히 금리가 높은 시기에는 사업이 빨리 진행되지 않으면 대출 비용은 계속 증가한다. 따라서 돈을 대신 내줄 조합 가입 희망자를 찾아야 한다.

토지를 확실히 매입한다고 하더라도 그 지역은 땅값이 싸기 때문에 가능한 일이다. 땅값이 싼 곳은 아파트로 변신해 봐야 그저 그런 입지다.

지역주택조합 재개발 사업도 성공한 사례는 많다. 그러나 망한 사례는 곱절로 더 많다. 지역주택조합 사업이 성공 가능성이 크더라도 일반적이고 대중적인 것으로 하자.

　내가 돈을 냈으면, 그만큼의 지분 소유권이 생겨야 한다. 지분을 주겠다는 약속을 절대로 믿지 말고, 지분을 당장 주지 않는 사람에게 돈을 넣지 말아야 한다. 부동산을 매수하는 행위는 현금을 자산 소유권으로 바꾸는 행위다.

13

부자의 길로 향하는
직업군인 최적화 전략

시간을 거꾸로 이용하는 전략

이번 이야기는 인생의 목적과 목표를 정말 오랫동안 고민했던 과정에서 만들어진 결과물이다. 지금까지 이 책에 나온 모든 개념은 앞으로 설명할 전략을 이해하기 위한 과정이었다. 책을 읽는 여러분의 사고방식을 바꿔서, 조금이라도 빨리 이 전략을 실행하도록 돕기 위함이었다.

월급쟁이 군인이 대체 어떻게 해야 돈 걱정 없이 살아갈 수 있을까? 그 답은 시간과 의사결정의 순서에 있다. 시간을 거꾸로 이용해야 한다. 복리 공식에서 가장 영향력이 큰 시간을 이용해야 한다.

태엽으로 만들어진 장난감 자동차를 본 적이 있는가? 장난감 자동차를 뒤로 당기면 태엽이 감기면서 추진력을 만들어 낼 준비를 한다. 장난감 자동차에서 손을 떼는 순간 아주 빠르게 앞으로 달려 나간다.

시간을 거꾸로 이용한다는 것은 태엽을 감는 것과 같다. 태엽을 감아, 시간이 흘러 목적지로 스스로 달려가도록 만들어 놓는 것이다. 지금부터 그 전략을 공개하겠다.

열심히 살건 말건, 돈 쓰나미는 계속 다가온다

먼저 공감해야 할 부분이 있다. 바로 내가 가졌던 고민이다. 아래에 있는 내용을 공감해야 왜 이런 결론에 도달했는지 이해할 수 있다.

질문 1. 살아가는 동안 언제 돈 걱정을 많이 하는가?

질문 2. 지금처럼 살면 돈 걱정이 해결되는가?

질문 3. 돈 걱정 없이 살려면 얼마나 필요한가?

이 3가지에 대해 생각해 봤는가? 나는 한때 이 생각 때문에 잠이 오질 않았다. 도무지 지금 월급으로는 방법이 떠오르지 않았다. '살아가는 동안 언제 돈 걱정을 많이 하는가?' 이 부분은 아마도 사람마다 모두 다를 것이다. 각자 머릿속에 그리는 미래가 다르기 때문일 것이다.

사람이라면 또는 부모라면 모두 반드시 해결해야 하는 것들이 있다. 바로 집과 자녀의 성장이다. 그래서 살아가는 동안 아래와 같은 상황에서 많은 돈이 필요할 것으로 생각했다. 만약 돈이 없다면 많은 부분은 포기하고 살아야 한다.

① 내 집 마련할 때 : 수도권에 거주하기 위해서는 수억 원이 필요하다.

② 자녀가 대학 갈 때 : 학비와 주거비, 용돈 등

③ 자녀가 결혼할 때 : 결혼식 비용, 혼수, 신혼집 등

모든 군인은 반드시 전역한다. 월급이나 군인연금을 받아 생활비를 해결한다면 위 3가지가 가장 큰 문제가 될 것이 뻔했다. 나는 이 상황들이 마치 먼바다에서 다가오고 있는 아주 큰 쓰나미처럼 느껴졌다. 당장은 아니지만 언젠가 반드시 닥칠 엄청난 위기 같았고, 이 위기감은 나를 행동하게 했다.

지금 있는 곳의 파도는 잔잔하지만, 저 멀리서 쓰나미는 다가오고 있는 게 분명한 사실이다. 그래서 쓰나미가 나에게 도달하는 예상 시간을 계산해 봤다. 이해를 돕기 위해 리치비 군인 가족으로 모델 삼아 설명하겠다.

> *리치비 부부(결혼 6년 차)*
>
> *- 인적 사항 : 동갑 부부 34세, 첫째 5세, 둘째 2세*
>
> *- 주요 경력 : 11년 차 직업군인 (23살 임관)*
>
> *- 자산 현황 : 연 소득 5천만 원, 군인공제회 8천만 원, 군 아파트 거주(무주택)*

그럼, 리치비 부부에게 쓰나미는 몇 년 뒤에 찾아오는지 예상해 보자.

첫 번째 쓰나미는 내 집 마련이다. 리치비 부부가 희망하는 아파트는 수도권에 있는 6억 원 정도의 집이다. 지금은 군인아파트에 살고 있으니 전역하는 시점에 거주할 내 집이 필요하다. 복무 20년 차, 연금 지급 대상자가 되는 시점에 전역한다고 하면 9년 남았다. 9년 뒤 6억 원이 필요하다. 사실 이 돈도 그때가 되면 인플레이션으로 얼마나 필요할지 모른다. 확실한 건 지금보다 더 비싸진다는 것이다.

두 번째 쓰나미는 자녀 대학 입학이다. 대학의 한 학기 등록금이 500만 원이면 4년 동안 4,000만 원이 필요하다. 집에서 통학이 힘들다면 원룸을 얻어줘야 한다. 원룸 월세 50만 원 정도로 가정하더라도 연 600만 원, 4년이면 2,400만 원이 필요하다(*2024년 서울 오피스텔 원룸 월세는 90~120만 원이다*). 용돈은 한 달 50만 원, 4년이면 2,400만 원인데, 아이들이 해외여행 가겠다고 하면 더 많이 필요할 것이다. 이렇게 대학 4년 동안 9천만 원 정도 필요할 것이다.

34살의 리치비 부부는 첫째가 5살, 둘째가 2살이니, 두 번째 쓰나미는 14년 뒤부터 7년 동안 계속 몰아친다. 둘째 아이가 대학 졸업할 때까지 말이다. 7년 동안 1억 8천만 원이 필요하다. 물론, 중고등학교 학원비와 용돈은 뺀 금액이다. 더 큰 문제는 이때 리치비 부부의 나이는 48세다. 대부분 직업군인은 전역한 상태이거나 임박한 상황에서 7년 동안 목돈이 필요하게 된다.

세 번째 쓰나미는 자녀 결혼이다. 30살에 자녀들이 결혼한다고 가정하자. 5살 첫째는 25년 뒤, 2살 둘째는 28년 뒤에 찾아올 쓰나미다. 나는 부모라면 자녀들이 결혼할 때 직장 근처에 아파트 하나 사줄 정도는 되어야 한다고 생각한다. 신혼집으로 수도권 20평대 아파트를 한 채 마련해준다면 최소한 25년 뒤 8억 원 정도는 필요할 것이다. 자녀의 대출과 함께 각각 4억이 필요하겠다는 예상을 해볼 수 있다.(*첫째 결혼: 25년 뒤 4억, 둘째 결혼: 28년 뒤 4억, 모두 8억 원*)

정리해 보자.

– 첫 번째 쓰나미 *(내 집 마련)* : 9년 뒤 6억 원

– 두 번째 쓰나미 *(자녀 대학)* : 14년 뒤 1억 8천만 원

– 세 번째 쓰나미 *(자녀 신혼집)* : 25년 뒤 8억 원

앞으로 25년 동안 15억 4천만 원이 필요하다. 사실 아파트 가격이 9년 또는 25년 뒤 우리가 생각한 가격에 머물러 있을지 잘 모르겠다. 자산 가격은 영원히 우상향하기 때문이다. 25년 동안 15억 4천만 원을 적금으로 모은다고 생각해 보자. 연 금리 3%를 적용해서 매달 400만 원을 내야 한다. 리치비 부부는 매달 400만 원을 적금해야 한다. 그러나 현재 연 소득 5천만 원이니 실수령액 월 300만 원 정도다. 열심히 군 복무 해서 진급한다고 한들 절대로 해결할 수 없는 문제다.

두 가지 중에 선택해야 한다. 들어가는 돈을 줄이거나 아니면 쓰나미를 막아낼 거대한 방파제를 지금부터 만들어 내거나.

시간의 흐름을 이용한 방파제 건설

걱정하지 말라. 그 전략을 알려주겠다. 지금이라도 거대한 방파제를 쌓기 시작하면 된다. 나도 돈이라는 것을 이해하기 전까지는 시간이 흘러가는 대로 살려고 했다. 그런데 앞서 설명한 이 3가지 쓰나미를 생각하면서 방법을 찾기 시작했고, 그 방법은 시간의 흐름을 반대로 이용하는 것이라는 점을 깨달았다.

그 방법은 바로 복리 효과를 이용하는 것이다. 복리 효과의 핵심은 시간이다. 시간은 수익률을 제곱으로 불어나는 효과를 선물하기 때문이다. 그러니 가장 늦게 찾아오는 25년 뒤의 쓰나미부터 준비한다면 시간이 길기 때문에 최대의 복리 효과를 누릴 수 있다. 나는 그 답을 미국 주식에서 찾았다.

가장 멀리 있는 큰 방파제 쌓기

미국 종합주가지수 나스닥은 지난 10년간 연평균 18.15%의 수익률을 보인다. 이런 상품에 투자하려면 ETF를 사면 된다. 이러한 상품도 고수익 상품이 있다. 나스닥 100지수의 3배를 추종하는 레버리지 ETF 상품 (TQQQ)이 대표적이다.

레버리지 ETF는 복리 공식의 원금, 수익률, 시간 중 수익률만 3배일 뿐 다른 것은 없다. 3배로 오르고 내릴 뿐이다. 투자하는 동안 철저히 복리 공식을 따른다면 전혀 문제 될 것이 없고, 시간이 지날수록 복리 효과는 증폭되어 커다란 최종 수익을 가져다준다.

2010년 첫 상품이 출시될 때는 0.35달러에서 2024년 10월 1일 기준으로 69달러로 올랐다. 14년 동안 200배 올랐다. 만약 2010년에 1,000만 원을 투자했더라면 지금 세전 20억 원이다. 물론 그 과정에 변동성은 엄청나다. 그 변동성 속에서 종합주가지수의 장기 우상향을 믿고 기다린다면 우리는 근로소득으로 마련할 수 없는 돈을 벌게 된다.

레버리지 ETF 이야기를 하면 기겁하시는 분들 많을 거다. 2021년에 80달러를 넘겼던 가격이 2022년 20달러 아래로 떨어졌기 때문이다. 단기적 낙폭이 커도 상관없다. 어차피 25년 뒤에 올라 있기만 하면 된다.

한편, 14년 뒤 200배라는 수익률을 가져가는 전략은, 자녀에게 2천만 원으로 비과세 현금 증여하고 14년 뒤에 찾는 것이다. 2천만 원이 40억은 되어 있지 않을까? 25년 뒤를 대비하는 거니 보수적으로 접근해도 8억 원짜리 쓰나미는 충분히 막을 수 있다. 이렇게 가장 멀리 있는 25년 뒤의 쓰나미를 지금 첫째 2천만 원, 둘째 2천만 원으로 방파제를 만들었다.

현재 7살짜리 꼬마는 내가 성인이 되었을 때 갖고 있었던 돈보다 더 많은 돈을 가지고 있다. 지금은 유치원에 다니고 있지만 말이다. 방파제의 높이는 25년이라는 시간이 알아서 해결해 줄 거라고 확신한다.

가장 오래 몰아치는 쓰나미 막기

14년 뒤 1억 8천만 원이라는 두 번째 쓰나미로 자녀가 대학에 다니는 기간이다. 정말 고약한 쓰나미로 돈을 안 쓸 수도 없고, 꽤 오랜 시간 몰아쳐 생활이 빡빡해지는 시기다. 14년 뒤에는 7년 동안 매년 2,600만 원씩 필요하다. 정확히 월 216만 원의 현금이다.

리치비 부부는 두 가지 선택을 할 수 있다. 우선 월세 216만 원짜리 수익형 부동산을 14년 동안 준비하는 것이다. 수익형 부동산으로 월세 200만 원 받는 방법은 많은 투자금이 필요하다. 수익률 4%를 가정할 때 약 5억 원의 상가나 오피스텔을 매수해야 하기 때문이다. 장기적 관점에서 이 방법도 매우 좋지만 14년이라는 시간이 있기에 매달 적은 돈으로 복리 효과를 누리는 방법이 더 효과적일 것이다.

또 다른 방법은 14년 동안 1억 8천만 원의 현금을 마련하는 방법이다.

레버리지 ETF(*TQQQ*)가 장기투자로서 굉장한 수익률을 보여주지만, 일반적인 나스닥 ETF(*QQQ*)로도 충분하다. 게다가 어차피 우상향한다고 믿는다면 변동성이 상대적으로 작아서 마음이 매우 편안하다. 매월 50만 원씩 나스닥 ETF(*QQQ*)를 14년 동안 적립식으로 투자한다. 워런 버핏의 장기투자처럼 말이다.

14년 뒤 쓰나미는 1억 8천만 원짜리다. 월 50만 원을 14년 동안 연평균 18.15%의 나스닥 ETF(*QQQ*)에 투자한다면 1억 9천만 원이 된다. 이 돈으로 자녀 학비를 해결하면 된다. 이렇게 두 번째 돈의 쓰나미를 막을 방파제를 만들 수 있다.

기회를 줄 때 방파제 만들기

이제 첫 번째 쓰나미 즉, 9년 뒤 내 집 마련만 남았다.

리치비 부부는 연 소득 5천만 원과 군인공제회 적금 8천만 원이 있다. 자녀들 2명에게 4천만 원을 증여해서 25년을 기다리고, 월 300만 원 이하의 소득에서 50만 원을 14년 동안 적립식 투자하기로 했다. 그래서 군인공제회 4천만 원 남았고, 월 소득 200~250만 원으로 9년 뒤 리치비 부부가 전역하고 실제 거주할 내 아파트라는 쓰나미를 막아야 한다.

지금은 30평대 수도권 아파트가 6억을 거뜬히 넘어가지만, 이것도 9년 뒤에 얼마나 도망갈지는 알 수 없다. 그렇지만 당장은 아니더라도, 그때가 되면 모아놓은 현금과 대출을 합하면 실거주 가능하다는 가정을 해보겠다.

대한민국 주택 가격지수 통계를 살펴보면 주택가격 상승은 연평균 약 8%이다. 지역과 아파트, 빌라, 단독주택, 다가구 모두 상관없이 모든 주택의 평균이다. 그중 아파트는 가장 수요가 많아서 상승 속도가 평균보다 꽤 높다.

이는 우리 월급이 따라잡을 수 없다는 뜻이다. 그래서 적극적인 레버리지를 활용하는 방법을 이용해야 한다. 은행에서 대출받던가, 타인의 돈을 이용하던가 둘 중에 선택하지 않으면 내 집 마련은 불가능하다. 두 가지 레버리지 중 하나를 이용해서 내 집을 사놔야 한다. 그리고 실거주할 때는 상황에 맞게 선택하면 된다.

리치비 부부는 세 번째와 두 번째 쓰나미에 대비한 방파제를 쌓기 시작한 후, 군인공제회 4천만 원과 월 소득 200~250만 원 이상의 고정 수입이 있다. 이 정도면 충분하다. 이게 가능한 이유는 군 관사에 거주하기 때문이다.

갭투자 또는 대출받아서 월세 세팅 등의 방법으로 충분히 수도권 아파트를 매수할 수 있다. 이렇게 레버리지를 이용하면, 9년 뒤 내가 살 집이 아니라도 그 오른 차익으로 실거주할 방법이 반드시 나오게 된다. 미리 걱정하지 말고 자산의 우상향을 믿어라. 은행 말고 내 자산에 저축한다는 생각으로 돈을 넣어야 한다.

이 책의 모든 곳에서 강조하지만 가능한 한 일찍 행동해야 한다. 복리 공식에서 시간이 늘어나기 때문이다.

세 가지 쓰나미를 막는 전략을 이해했다면, 시간의 흐름을 반대로 이용한다는 뜻도 이해했으리라고 생각한다. 이 원리는 복리 공식에서 시간의 제곱 효과를 최대한 누리기 위한 전략이다.

14

자본주의에서 반드시
기억해야 할 데이터

돈에 대한 관점

1. 돈은 타인으로부터 가져오는 것이다. 국가가 발행한 돈을 누가 많이 가져오느냐의 게임이다. 이 게임은 좋든 싫든 당신이 자본주의 국가에 출생신고를 하는 순간부터 시작되었다.

2. 현금, 즉 화폐 가치는 영원히 떨어진다. 국가는 돈을 계속 발행한다. 발행한 돈은 절대 사라지지 않는다.

3. 은행 예·적금은 자산이 아니다. 은행에 대한 소유권이 없으므로 현금일 뿐이다. 즉, 은행은 돈을 보관하는 금고일 뿐이다. 보관된 돈은 레버리지와 화폐 가치 하락을 이해한 사람들이 사용하며, 그들은 예금이자보다 더 큰 수익을 낸다.

4. 자산은 복리로 성장하지만, 대출은 단리로 갚는다. 자산을 담보로

대출받는 것은 신용이 견고할 경우 무조건 이득이다.

수요가 가장 큰 자산

1. 주택 : 누구나 집에서 살고 있고, 집에서 살아야 한다. 돈만 있다면 큰 집, 새집에서 살고 싶어 한다.

2. 예금 : 누구나 돈을 번다. 돈은 은행에 보관한다. 집에 금고를 만들어 큰돈을 보관하면 세무조사를 받는다. 따라서 은행에 돈을 넣지 않고는 살수 없다.

3. 수익형 부동산(상가 등) : 경기에 영향을 많이 받는다. 장사가 잘되면 수요가 많고, 나쁘면 수요는 아예 없다.

4. 주식 : 아는 사람만 자기 돈을 주식으로 보관해 놓는다. 대부분은 도박으로 생각한다.

정치 바람을 많이 타는 자산

1. 주택 : 수요가 큰 만큼 표심을 얻기 좋다. 정권의 생명은 주택정책에 있다고 해도 틀리지 않는다. 없는 사람은 있는 사람을 '악'으로 규정하지만, 있는 사람은 없는 사람을 '무지'로 규정한다.

2. 예금 : 통화정책과 정치는 완전히 분리되어야 하지만 그렇지 못한 것이 현실이다. 금리는 최대 2년밖에 보장되지 않는다.

3. 정치 테마형 주식 : 쓰레기

4. 그린벨트 토지 : 그린벨트를 개발하겠다고 하면 기획부동산이 활개치게 된다. 개발 호재의 후광을 받을 땅이라며 비싼 가격에 필요도 없는

땅을 거래한다. 그린벨트를 해제할 수 있는 사람은 정치인들밖에 없다.

투자자라면 반드시 기억해야 할 숫자

1. 미국 종합주가지수의 연평균 수익률 : 13%
2. 부동산(아파트)의 연평균 수익률 : 10%

    * 전국 8%, 서울 12%

3. 연평균 예·적금 이자 : 3%
4. 물가 연평균 상승률 : 4%
5. 금 가격 연평균 상승률 : 7%
6. 금융시장 규모 연평균 성장률 : 9%
7. 통화량의 연평균 증가율 : 8%

복리 효과를 누리려면 좋은 수익률을 가진 자산을 선택해야 한다. 선택하고자 하는 자산의 평균 수익률은 제시된 숫자보다 크면 클수록 좋다.

물가는 최소한 4% 이상 오르고 있고, 화폐 가치는 8% 수준으로 떨어지고 있다. 게다가 금융시장의 규모는 9%씩 매년 성장하고 있다. 즉 수익률이 최소 8%는 되어야 인플레이션을 실질적으로 방어하고 있다고 할 수 있다.

기억해야 할 손실률 (평균)

1. 부동산 평균 취득 비용 : 5%

2. 주식 거래 비용 : 0.5%

3. 증권사 펀드 운용 수수료 : 2%

4. 보험사 펀드(저축형 보험) 운용 수수료 : 9%

5. 국민건강보험료 : 10%

6. 개인소득세 : 30%

7. 주식 양도소득세 : 22% (고정)

8. 부동산(주택) 양도소득세 : 40%

9. 상속 / 증여세 : 40%

복리 공식에서 원금은 절대 줄지 않아야 한다. 그런데도 자산을 거래하게 되면 세금과 수수료 등 최소한의 손실이 발생한다. 돈을 벌었다고 해서 100% 내 돈이 아니다.

손실률을 미리 기억하고 있어야 한다. 세금의 경우 상황에 따라 매우 복잡하므로 보수적인 평균치를 기억하면 낭패 볼 일은 없다.

자산을 늘려감에 있어 손실률을 최소한으로 낮춰야 진정한 복리 효과를 기대할 수 있다.

자산시장의 평균 하락 폭 / 기간

1. 종합주가지수의 최대 하락 폭 : 50%

2. 종합주가지수의 평균 하락 폭 : 20%

3. 부동산(주택)의 최대 하락 폭 : 40%

4. 부동산(주택)의 평균 하락 폭 : 20%

5. 부동산의 평균 하락 기간 : 2년

6. 부동산의 최장 하락 기간 : 5년

7. 주식시장의 평균 하락 기간 : 2~3개월

8. 주식시장의 최장 하락 기간 : 5년

자산을 보유함에 있어 역사적으로 변동성은 어떻게 되는지 알고 있다면 시장의 하락은 자연스러운 현상인 것을 알 수 있다.

복리 공식에서 수익률을 늘리는 가장 쉬운 방법은 하락장에서 자산을 매입하는 것이다. 시장의 하락 평균치를 알고 있고, 시장은 반드시 회복된다는 것을 믿는다면 좋은 투자 기회를 놓치지 않을 수 있다.

설명을 보태자면, 부동산과 주식의 평균 하락 폭은 20%지만 최대 하락 폭은 40~50%다. 최대 하락 폭은 10년에 한 번 정도 찾아온다. 따라서 자산시장의 최대 하락을 기다려도 그 시간 동안 150% 이상 상승한 다음 찾아온다. 즉, 150% 오른 다음 50% 떨어지는 것이다. 최대 하락 폭을 기다리는 것은 바보 같은 짓이다.

지금부터 당신이 해야 할 6가지

지금까지 이야기한 개념과 방법들을 알려줘도 실행하는 데 꽤 오랜 시간이 걸릴 것이다. 내가 만난 사람들 모두 그랬고, 아주 가까운 지인들도 처음에는 고민하는 시간을 많이 가졌다. 거의 매주 설명해 주어도 끝까지 실행하지 않는 사람도 있다.

하물며 이 책 한 권 읽었다고 행동으로 옮기는 사람이 얼마나 되겠냐만, 그래도 행동을 돕기 위해 다음 6가지로 콕 집어서 이야기해 본다. 일단 해보라. 실행시간은 얼마 걸리지 않는다. 사람들은 대부분 시간을 망설이는 데 사용한다. 망설이지 말고 작게라도 시작해 보길 바란다.

첫째, 현금흐름표를 만들어라

현금흐름표는 향후 1년 치를 미리 계산하는 개념이다. 이미 다 써 버린 돈을 적는 게 아니라는 것을 명심하라.

① 지난 1~2년 치 매달 어떻게 돈을 벌고 썼는지 자료를 수집한다. 급여 명세서, 카드 명세서, 계좌 이체 내역을 정리하라. 시간이 많이 지났기 때문에 잘 기억이 안 날 것이다. 10원까지 딱 떨어지지 않아도 괜찮다. 대략적인 항목과 금액을 확인하면 된다.

② 이제 엑셀 파일을 열어, 앞으로 1년 동안 예상 수입을 먼저 적어본다. 군인들은 급여가 정해져 있으므로 수월하게 작성할 수 있을 것이다.

③ 급여에서 원천징수로 지출되는 것을 작성한다. 세금, 건강보험료, 기여금 등이다. 매달 변동되므로 가장 많이 납부한 금액을 기준으로 반영한다.

④ 자신과 가족이 소비하는 고정지출을 작성한다. 예를 들어 아파트 관리비, 대출납부금, 개인 보험료, 자동차 보험료 등으로 자신이 통제할 수 없는 지출을 뜻한다. 통제할 수 없는 지출은 1~5% 정도 높게 금액을 선정한다. 나중에 돈이 모자라면 신용에 문제가 될 수 있기 때문이다.

⑤ 자유 지출을 작성한다. 이는 마음만 먹으면 절약이 가능한 항목으로 통제할 수 있는 지출을 뜻한다. 자유 지출도 2가지로 구분한다. 생존형 지출과 사치성 지출이다. 생존형 지출은 의식주에 해당하는 부분으로 음식 재료비, 식수 등의 지출이다. 이것을 먼저 계산한다. 사치성 지출은 해도 그만, 안 해도 그만인 지출이다.

⑥ 월 단위로 수입 – 지출을 계산하여 잉여 현금을 작성한다. 작성하다 보면 매월 잉여 현금이 다르다는 것을 알 수 있다. 내 경우 5월이

가장 현금이 없는 달이다. 이렇게 인식할 수 있어야 한다.
⑦ 위 단계까지 1년 치를 월 단위로 작성한다. 정확하지 않아도 된다.
일단 해보는 것이 중요하다.
⑧ 신용카드를 없애고, 자유 지출을 위한 계좌와 체크카드를 사용한
다. 부부가 함께 사용하는 경우 인터넷 은행의 모임 통장을 사용하
면 서로 사용하는 돈을 확인할 수 있다.

둘째, 보험사로부터 탈출하라

군인 단체보험의 적용을 얼마나 받는지 확인해서 납부 기간이 50%가
지나지 않았다면 개인 보험은 해지를 고려하라. 특히, 변액보험, 연금보험
같은 저축형 보험은 해약환급금을 확인하라. 지금 해지한다면 납부한 보
험료에서 돌려받을 수 있는 돈이 얼마인지 확인하라. 아마 당장 해지하고
싶을 것이다. 보험사에 매달 입금한 그 소중한 돈은 미국 주식 ETF로 전
환하는 것이 더 낫다.

만약 가입 기간이 오래되어 납부 기간이 얼마 남지 않았다면, 해지하
지 말고 납부한 보험료를 담보로 대출받아 미국 주식 ETF를 사는 것도 좋
은 방법이다. 납부한 보험료를 담보로 매년 갱신하면서 평생 이용할 수
있다. 단, 현재 질병으로 보험금을 받고 있거나 가족력이 있는 질병에 해
당하는 보험이 있다면 그것은 유지해야 한다.

셋째, 미국 주식을 사라

군인공제회나 군인 적금을 주식과 내 집으로 전환해야 한다. 자본주의

에서는 자산의 소유권을 많이 가진 사람이 이기는 게임이다. 시중 은행에서 판매하는 군인 적금은 해지하는 것이 낫다. 군인공제회에 목돈이 들어 있다면, 그것을 담보로 90% 대출을 받아 자산을 보유하는 것이 낫다. 군인공제회 회원저축은 세금도 저렴하며 금리도 높다. 예비 자금을 저장하기 매우 좋은 조건이다. 그런데도 미국 주식 ETF의 복리 효과가 더 좋기에 모든 돈을 군인공제회에 넣지 말길 바란다.

요즘은 모바일로도 증권 계좌를 만들기 쉽다. 그러나 꼭 증권사를 방문하여 계좌를 개설할 것을 추천한다. 처음에는 매수, 매도, 호가, 지정가, 시장가, 예수금 등 용어 자체가 너무 어렵다.

방문을 통해 계좌를 개설하면서 직원에게 매수하는 방법, 매도하는 방법, 종목 검색하는 방법을 배우면 된다. 또 증권사별로 시행하는 외화 환전 수수료 혜택이나 거래 수수료 혜택 기간이 있다. 직원에게 물어보면 그 즉시 혜택받도록 처리해 준다.

주식은 S&P500과 나스닥 100지수를 추종하는 ETF만 투자한다. 국내 증권사에서 상장된 ETF도 좋지만, 해외 주식을 직접 거래하는 것을 추천한다. 달러로 투자하는 경험을 쌓기 때문이다. 내 생각에 앞으로 환율은 내려가는 추세일 것 같다. 환율 차익과 세금을 고려하면 국내 증권사에 상장된 미국 ETF를 원화로 사는 것이 한편으로 더 이득이 될 것이다.

넷째, 자녀에게 미국 주식 ETF를 증여하라

자녀에게 2천만 원씩 미국 주식 ETF를 사주어라. 자녀를 둔 부모라면 누구나 2천만 원 정도는 있지 않은가? 방법을 몰라 유튜브 볼 생각하지 말고, 가까운 증권사로 바로 달려가라. 준비할 서류도 알아보고, 여러 가지 정보와 방법도 알아볼 수 있다. 블로그나 유튜브로 방법을 알아보는 것보다, 증권사 직원이 알려주는 것이 더 정확하고 이해하기 쉽다. 그리고 직원 연락처를 알아두면, 평소 궁금한 것은 직접 전화해서 즉시 해결할 수도 있다.

다섯째, 은행 대출 창구로 가라

지금 대출받지 않더라도, 은행이 당신에게 얼마나 대출해 주는지 확인하라. 아마도 필요한 서류를 가져오라고 할 것이다. 2년 치 원천징수 영수증이나 연간 급여 명세서 등을 미리 가져가면 대략적인 한도와 이자율을 알려준다. 그리고 명함도 받아라. 궁금한 것은 즉시 해결할 수 있다.

단, 제1금융권 은행이라도 정책이 모두 다르므로 최소한 서너 군데 방문하는 것을 추천한다. 내 경우 신용대출 한도는 국민은행에서 3천만 원이었지만, 농협은행에서는 1억 2천만 원이었다. 금리도 무려 1%나 농협이 저렴했다.

대출은 주택담보대출과 신용대출 모두 한도와 이자를 확인해야 한다. 주택담보대출은 대상 주택이 있어야 대출한도 조회가 가능하므로 눈여겨본 아파트가 있다면 그를 기준으로 대출한도를 알아보고, 없다면 지금 사는 지역에서 가장 비싼 아파트를 기준으로 알아보라. 자신의 레버리지 능력을 알고 있어야 투자해 볼 만한 자산을 발견했을 때 기회를 잡을 수 있다.

여섯째, 관사에 당장 입주하고 수도권 아파트를 보유하라

군인 관사에 거주하고 있지 않다면 당장 입주하라. 군대에서 전세자금을 지원해 주는 것도 이제는 끝났다. 일반 전세대출 받는 것이나 다름없다. 그 전세대출을 받아 거주하면 미래 내 집을 위한 투자를 할 수 없다. DSR(*부채 상환 비율*) 적용을 받기 때문에 전세대출 또는 주택담보대출 둘 중의 하나밖에 활용하지 못한다.

전세로 살 거냐(*LIVE*), 집을 살 거냐(*BUY*) 둘 중에 선택해야 하는 시간이 찾아왔다. 가능하면 집을 사는 선택을 해라. 당장 군인아파트에서 거주하고, 서울이나 수도권의 아파트를 매수하라.

2024년 현재는 전세 갭투자보다 주택담보대출을 받아 월세로 임대하는 것이 더 나은 전략이다.

① 자신의 대출한도를 고려해서 가능한 아파트 가격 범위를 정한다.

② 가격 범위의 아파트 중에 교통과 상권이 좋은 곳을 10개 선정한다.

③ 컴퓨터 엑셀 파일에 아파트 리스트를 적고 3가지 데이터를 찾아 넣는다.

    – KB 시세와 그에 따른 가능한 대출금

    – 네이버 부동산의 매매 물건 가격

    – 네이버 부동산의 월세 물건의 임대료

위 3가지 데이터를 기준으로 자본 능력 범위에 들어오는 아파트 순위를 정한다. 3개 정도면 충분하다.

④ 해당 부동산 중개사를 찾아가, 이 책에서 알려준 거래의 기술을 사용한다.

 에필로그

이 책을 읽으신 여러분은 군인이신가요? 열악한 환경과 처우에도 묵묵히 국민과 국가를 위해 헌신해 주셔서 감사합니다. 저도 군인으로 오랜 시간 복무하였습니다. 당신이 군인이라면 전우라고 불러도 좋겠지요? 당신이 자본주의에 눈을 떴으면 좋겠습니다. 전우들이 가난해지는 것이 안쓰럽기 때문입니다.

자본주의에서는 자산을 갖지 않으면 가난해집니다. 사실 애써 모은 돈으로 자산을 구매하기란 참 어려운 일입니다. 미래에 어떻게 될지도 모른다는 생각에 용기를 내 자산을 취득하는 일은 결정하기 어려운 문제일 것입니다.

그런 걱정에도 단기간에 높은 수익을 내고 싶어 하는 욕망도 함께 존재합니다. 그러나 단기간의 높은 수익은 높은 위험을 감수해야 합니다. 저는 그런 위험을 굳이 경험하지 말라고 말하고 싶습니다.

투자는 수익률이 목표가 아니라, 자산을 취득하는 것이 목적이어야 합니다. 돈이 아닌 자산을 소유하게 된다면 화폐 가치 하락과 함께 자산에 저장된 구매력은 늘어나기 때문입니다.

자산을 소유하는 과정에서 모든 사고방식은 복리 공식을 통과하게 하십시오. 복리 공식의 요소인 원금을 늘리고, 수익률을 늘리며, 시간을 늘리면 반드시 부자가 될 수 있습니다. 은행 예·적금보다 주식과 부동산을 우선하십시오. 반드시 검증되고 신뢰 높은 우상향하는 자산을 선택해야 합니다.

사회에서 열심히 살아가는 사람들의 처지는 잘 모르겠고, 제가 가장 잘 아는 전우들의 처지에서 <군인은 어떻게 부자가 될 수 있을까>라는 거창한 제목으로 글을 썼습니다. 군인은 투자에 있어 최상의 조건을 갖추었다는 사실을 잊지 말길 바랍니다. 스스로 자신의 처지나 군인에 대한 처우를 한탄하며 사는 것은 너무 안타까운 일입니다.

솔직히 이 책에서 알려주는 방식을 변질시켜 큰 손해를 볼까 걱정되기도 합니다. 그래서 개념과 원리를 자세히 알리는 데 많은 시간을 할애했고, 강한 주장을 포함한 문체로 책을 썼습니다. 출판 경험이 처음이다 보니 전우분들께 전달이 제대로 되었는지 모르겠습니다.

저는 투자라는 단어를 그렇게 좋아하지 않습니다. 그저 자산을 소유하고, 내 자산에 구매력을 저장한다는 생각으로 살아가고 있을 뿐입니다. 자산은 수요와 공급, 통화량에 따라 가치가 상승한다는 본질을 믿기 때문입니다. 자산의 가치가 오르는 것은 당연한 현상이므로 그중에 좀 더 가치가 큰 것을 선택하려고 노력합니다.

혹자는 제가 경제를 잘 안다고 말하지만, 그저 경제 성장의 원동력이 어떻게 되고 있는지 확인할 뿐, 중고등학교 경제 수업에 배웠던 수준으로 제 지식은 상식에 가깝습니다. 그러니 경제를 몰라 투자하지 못한다는 생각은 하지 않으셔도 됩니다. 제가 알려드린 방법들은 그리 많은 지식을 요하지 않습니다. 작게라도 시작해 보십시오. 결코 어려운 영역이 아니라는 것을 금방 느끼게 될 겁니다.

이제 저는 예비역으로서 전우들을 응원합니다. 사회에서 '군인들의 자산 증식 가속화'라는 목표로 활동하고자 합니다. 이제 시작했고, 앞으로 제가 바라는 대로 이루어질지 확신할 수 없지만, 저는 그냥 이게 좋습니다. 제가 아는 것을 알려드리는 것, 그게 저는 좋습니다. 적어도 이 책을 읽으시는 전우들은 돈 때문에 걱정하는 일이 없어지시길 바랍니다.

이 책을 출간하기까지 여정은 혼자 힘으로 이뤄질 수 없었습니다. 저의 출간 기획서를 보시고 흔쾌히 지지해 주신 출판사 대표님께 감사드립니다. 늘 저를 지지해 주신 BooKey 멤버들과 리치군인 카페 회원들께 감사드리며, 지금도 열심히 독서하고 계신 드림벙커 프로그램 수강생분들께 감사드립니다.

부모님과 장인·장모님, 사랑스러운 아내와 두 자녀에게도 깊은 감사의 마음을 드립니다. 가족의 존재는 제 삶의 원동력이며, 목표를 향한 힘이 되어 주고 있습니다. 이 세상에 저와 함께 해주어 감사합니다.

끝으로, 이 책을 쓸 수 있도록 용기와 도전정신을 심어주신 고명환 작가님께 진심으로 감사드립니다.